舆商思维

Public Opinion and Emotional Quotient

赵华奇 著

ZHEJIANG UNIVERSITY PRESS
浙江大学出版社
·杭州·

图书在版编目（CIP）数据

舆商思维 / 赵华奇著. — 杭州：浙江大学出版
社，2022.11（2025.11重印）
ISBN 978-7-308-23037-7

Ⅰ. ①舆… Ⅱ. ①赵… Ⅲ. ①企业管理—公共关
系学 Ⅳ. ①F272.9

中国版本图书馆CIP数据核字（2022）第171888号

舆商思维

赵华奇 著

策划编辑	吴伟伟
责任编辑	马一萍 曲 静
责任校对	陈逸行
装帧设计	程 晨
出版发行	浙江大学出版社
	（杭州市天目山路148号 邮政编码310007）
	（网址：http://www.zjupress.com）
排 版	杭州兴邦电子印务有限公司
印 刷	杭州宏雅印刷有限公司
开 本	710mm×1000mm 1/16
印 张	14.75
字 数	201千
版 印 次	2022年11月第1版 2025年11月第7次印刷
书 号	ISBN 978-7-308-23037-7
定 价	68.00元

前　言

选好关键人

　　很多人对舆情常常避之唯恐不及。事实上，舆情处置也是可以主动出击的，并且主动出击的效果有时候要好于"兵来将挡，水来土掩"的被动应对。或许这已经颠覆了你对传统舆情负面属性的思维认知，但这恰恰就是事实。能始终取得舆情引导主动权的策略就是选好关键人。

　　2016年4月19日，习近平总书记在网络安全和信息化工作座谈会上说："互联网主要是年轻人的事业，要不拘一格降人才。要解放思想，慧眼识才，爱才惜才。培养网信人才，要下大功夫、下大本钱，请优秀的老师，编优秀的教材，招优秀的学生，建一流的网络空间安全学院。互联网领域的人才，不少是怪才、奇才，他们往往不走一般套路，有很多奇思妙想。对待特殊人才要有特殊政策，不要求全责备，不要论资排辈，不要都用一把尺子衡量。"① 这是我们挑选这个领域重要人才的根本遵循。

　　近年来，处置、应对舆论危机的重要性日益凸显，领域不断拓展，内容不断丰富，定位不断变化，已经从最初的分别涉及新闻传媒、公共关系等单一领域逐渐成为横跨经济、信息、思政、教育、安全等更为广

① 习近平.在网络安全和信息化工作座谈会上的讲话[N].人民日报,2016-04-26(2).

泛门类的复杂领域。舆情处置能力越来越成为政府部门、企事业单位相关人员的必备能力之一。

我们知道，人是干好一切工作的根本，没有人的主观能动性，再好的制度设计也只是个冰冷的摆设，舆论危机处置更是如此。事实上，与其他领域相比，这是一个充满挑战的全新领域，没有现成的路径可循，特别需要那些充满奇思妙想，敢于创新突破的"奇才怪才"。

也就是说，要把关键人的选拔提上重要议事日程，因为选好关键人会大大增加成功应对突发舆论事件的概率。关于关键人需要具备的基本素养，本书提供一些观点，以供读者参考。

第一，要对舆论有足够敏锐的嗅觉。互联网是一个前瞻性很强的领域，要想在这个领域始终处于主动，就要对网络舆情的发展方向、发展特征拥有超前的预判视野，只有这样才能真正做到因势而谋、应势而动、顺势而为。比如，在当下移动互联网技术的引领作用下，公众越来越关注短视频、直播、网络情景剧这类带有强烈视觉冲击力的传播方式，许多商家及新媒体公司嗅到了巨大的营销商机，借助颜值高、形象好、气质佳这些能够带来强烈视觉好感的主播进行消费式营销。以"网红经济"为例，这一新兴经济形态以主播带货、直播推销、短视频营销等方式逐步兴起并且迅猛蔓延。当前，我们的主管部门对这个领域还缺乏一些行之有效的管理办法，这也间接导致了在逐利趋利的资本面前，不少 MCN（Multi-channel network，专业扶持网红达人的经纪公司或机构）机构、社会自媒体往往会动起歪脑筋，使用一些低俗、媚俗、恶俗等有违社会公序良俗的手段来谋求物质上的最大利益，比如夸张的网络"吃播"行为、以性暗示为卖点的直播带货。这些不仅与社会主义核心价值导向背道而驰，而且会对青少年的身心健康产生不可估量的负面影响。情况可能还不仅如此，如果对其持放任态度，那么在新媒体平台基于用户年龄特点、兴趣爱好、浏览习惯等数据而做出的精准推送下，这些短视频所宣扬的不良思想就会像癌细胞一样渗透进用户的思想，势必会诱发始料未及的负面风险。要想改变这样的局面，就需要一批能够提前洞察这些不良倾向、不良苗头，并且能够及时给出策略和建议的关键人。

以舆情事件为例，要想成功应对各类突发舆情，并能够根据舆情的发展变化给出恰当的应对策略，同时还能够对现实中的工作方法进行及时而有效的优化，就需要所在单位相关部门的人提前分析、研判，充分掌握当下舆论发展演变规律，提前做好应急预案。例如：面对短视频、主播直播日益成为舆情传播主要媒介的新情况，可以及时建议所在单位将弹幕检索、视频检索、声音检索等纳入第三方舆情检索服务的购买清单，以便能够随时掌握网络舆情动向。

第二，对舆论规律要有足够通透的研究悟性。职能处（科）室的人是一个部门、一个单位应对舆论领域方方面面突发情况的专业人员，如果其给出的处置策略违背舆论客观规律，不仅达不到预期效果，甚至还会适得其反；而如果其给出的处置策略能够顺应舆论规律，把握演变脉搏，不仅能够成功帮助部门、单位渡过舆论危机，而且还有可能使其由"危"转"机"，收到一些意想不到的正面效果。比如，自下而上、草根视角、情感沟通是新媒体舆论的内在规律，如果所在单位在应对突发舆情时给出的处置策略是"强调自己无责，错误都在对方"，很可能会导致舆情逆反，进而使自己一方陷入更加被动的局面；反过来，如果给出的处置策略是"耐心听取舆论意见，共同找到解决问题的方法路径"，一场舆论风波或许很快就会平息。

也就是说，单位负责相关工作的关键人要在充分悟透舆情发展演变规律的情况下，懂得因时施策，因势施策。具体来讲，就是：事前及时预警，事中专业指挥，事后复盘总结。

事前及时预警，是指在舆情风险苗头已经出现的情况下，及时进行专题的舆情风险评估，对决策层进行风险预警，给出相应的解决方案和工作建议。比如，其他单位因为某一事件引发了舆论风波，而这个事件极有可能也会发生在我们所在的单位，这时候我们就可以以风险预警的方式，给所在单位做一些提醒。

事中专业指挥，是指在舆情已经发生的情况下，处置岗位上的关键人要充分结合网上已经出现的各种情况，针对不同动机人群的网上表现对其进行深层次的心态分析，就"什么时候回应""回应哪些内容""潜在舆情风险如何处理"等一系列具体问题给出具有实操价值的专业建议。

事后复盘总结，是指舆论风波过后，要及时地进行复盘，总结、提炼整个应对过程中的得失，形成一些具有警示、启发、借鉴意义的经验性材料，为今后面临同类问题时提供一条可供参考的工作路径。比如，一些地方曾发生过志愿者违规放行上级领导车辆，困难户家中摆放高档酒瓶，困难户住"豪华别墅"等事件，这些都是现成的舆情案例素材，可以本着"有则改之，无则加勉"的初衷给出一些针对性分析。

我自己就有这样的经历。十年前，我还是一名在食品安全领域从事执法监管工作的基层青年，源于对当时新鲜事物——微博的兴趣，以及单位领导的支持，我成了较早一批的政务微博运营博主，负责运营食品安全监管部门的官方微博。一次偶然机会，我发现无论是新闻媒体、餐饮业主，抑或普通消费者，都对监管部门通过新媒体渠道发布的曝光类内容有异乎寻常的兴趣。之后，我慢慢发现大家关注、传播这类内容的原始动机不尽相同：新闻媒体出于挖掘新闻价值的专业动机，会以迅雷不及掩耳之势对政府部门主动发布的监管类信息进行传播扩散，即便他们还没有对曝光内容进行比较深入的了解；餐饮业主相对焦虑，而且这种焦虑会随着舆论热度的上升而呈现指数级增加，这是因为他们普遍担心被监管部门曝光后会导致生意一落千丈；普通消费者大多是出于围观心态，监管部门曝光一些后厨卫生状况堪忧的店家，会潜移默化地影响他们的就餐选择。当时，我就认定这是一个十分有效的监管途径：对于新闻媒体而言，主动参与监管部门发起的曝光行动，完全不用担心信源失真的问题；对于被监管对象而言，顾客越来越少无异于折其根本；对于普通消费者而言，曝光新闻让他们进一步了解那些看似高档、奢华、有品位的餐饮店可能并不是他们想象中的样子。最为关键的是监管部门可以通过主动出击来提升舆论声誉和社会信誉。这样的尝试让我逐渐明白：只要方法得当，舆论同样可以成为促进社会发展的一大力量；舆情，是互联网舆论大背景下的一种集体情绪，而这正是值得监管部门注意的一种力量。

与其他工作领域相比，舆论引导、舆情处置实际上更需要舆论工作者用心去感受，用心去揣摩，用心去探索。同样一句话要不要说，怎么说，说到什么程度，都要具体问题具体分析，而不是机械地照搬照抄。

最后，祝大家能在本书中收获一些思考，成为在各领域都受欢迎的高舆商人才。

目　录　content

1 第 章

舆论解析

第 2 章

3 第章

舆情规律

应对技巧

4 第章

第 1 章

从舆情到舆商

舆情

关于"什么是舆情",每个人都有自己独特的见解。学者有学者的解释,民间有民间的说法,但大体上不会相差太大,无非就是多了些概念或包装而已。

我是学医出身,看问题习惯条分缕析。在我看来,舆情就是社会心态、社会思想在舆论场域里的临床表现;而舆情处置则是精准诊断舆论层面种种临床表现背后的真实心态,进而开出相应的治疗处方。从社会心态变化、社会思想动向角度,为我们这个高速发展的社会进行全面体检,是舆情研究的价值所在。

事实上,如果我们以医学的视角去解析舆情,它也许会变得直观且易懂。

舆情描述,即对客观事件——"舆情病史"、事件关联群体——"舆情主诉"、舆论层面——"传染影响"的综合记录。

舆情分析,即基于真实、全面、充分的舆情,对其反映出的真实社会心态、真实思想动向等信息做诊断。

舆情建议,即根据舆情描述、舆情分析开出的一些可以帮助舆情涉事主体化解危机的应对处方。

比如，对于一个39度以上高烧、血常规显示细菌性感染的病人，如果临床医生开的是抗病毒类药物，不仅不会对病症产生积极作用，反而有可能因为延误了治疗时机而令病人病情加重。同理，对于随时可能接到单位舆论危机应急处置任务的人而言，如果不会进行卓有成效的舆情分析，无法准确了解舆情事件背后深层次的民意需求，难免会因开错"舆情处方"而令"舆论病情"加重。现实生活中我们经常能看到这样的案例。

曾有一个互联网公司因涉嫌传播淫秽物品而被处罚，一度引发网民激烈讨论。有意思的是，某一段时间里，舆论中出现了至今仍令很多人困惑不已的怪相：官方发布、权威信源越强调该公司已涉嫌传播淫秽物品牟利，应当受到法律严惩，舆论层面出现的对峙对抗性声音似乎越大，甚至还出现了"今夜，我是××人""今天，让我们为××发声"这样的非理性口号。内中缘由值得我们研究和分析。

当时，曾有"舆情圈"的朋友询问我的看法，并对舆情层面出现的这些非理性的对峙声音表示不解，他们甚至怀疑是不是有人在背后捣鬼。事实上，如果我们能够及时地将观察视角切换到心理学层面，从社会心理学的角度对事件加以分析，或许很容易就能找到真正的答案。

现实社会中，人们总会受到道德、伦理、法律、认知等方方面面的影响，行为的分寸、言论的尺度都会受到一些有形或无形的约束，但在网络这个虚拟世界里，无论是行为的分寸，还是言论的尺度相对都更加自由，在情绪宣泄、心理释压的催化作用下，一些并不被社会道德所提倡的声音更容易出现。也就是说，那些口口声声喊出"今夜，我是××

人""今天，让我们为××发声"的人，并非真的认为这家互联网公司被罚很冤，他们也不是真的认为其不存在通过传播淫秽物品牟利的违法事实，而只是试图通过制造对抗声势的方式来进一步释放现实中种种规则制约下的压抑情绪罢了。

只有明白了导致舆情事件发生的深层次的社会心理，才能及时地对症下药，开出有效的"舆情处方"。比如，我们完全可以在后续的舆情引导中，通过摆事实，讲道理的评论引导方式，重点提醒仍持有"今夜，我是××人"观点的网民不能忽视一个情况：如果你的孩子同时也在看那些严重危害他们身心健康的视频，并且导致学习成绩下降，甚至走上了违法犯罪道路，作为父亲、母亲，你是不是还依然坚持这样的观点？我坚信只要这些人能够认识到这一层，理性的思考就能战胜此前的盲目情绪，至少不会再义无反顾地为那家互联网公司站台鸣冤。

而随着这部分人的心结逐步被打开，原先的舆情危机甚至还有可能出现转机。也就是说，我们还能借势出击，顺势而上，主动去设置诸如"护苗行动""清朗网络空间"这些正面引导性议题，这就是舆情研究、舆论引导的真正价值所在。

本节重点：

1. 舆情描述，即对客观事件——"舆情病史"、事件关联群体——"舆情主诉"、舆论层面——"传染影响"的综合记录。

2. 舆情分析，即基于真实、全面、充分的舆情，对其反映出的真实社会心态、真实思想动向等信息做诊断。

3. 舆情建议，即根据舆情描述、舆情分析，开出的一些可以帮助舆情涉事主体化解危机的应对处方。

舆商

在现实生活中，我们已经看到太多高情商、高智商的人在舆论的"聚光灯"下频繁栽跟斗，有的甚至因此断送了自己的前程，这在一定程度上至少可以说明情商、智商这些人们耳熟能详的传统社会能力，已经无法精准地就互联网舆论背景下产生的新的社会能力需求提供一种令人满意的解决方案。而本书提出的舆商概念则区别于媒介素养、公共关系、危机公关这些传统的学术概念，它更为侧重人们在时代背景、现实场景、舆论语境、心态变化等一系列客观形势发生变化的情况下的有效反馈能力。

舆商，不只局限于某个特定的学科领域，而是适应互联网舆论注意力下的一种相对独立的新型社会能力。在当前互联网舆论的大背景下，我认为它是可以与智商、情商并重的第三种社会能力。

具体来讲：舆商即舆论情商，是指一种能够充分融入互联网舆论情景场域，对已经发生或者即将发生的社会事件能够做出迅速、积极、有效、稳妥等一系列正面反应的社会能力。它也是一种社会能力素养评价指标，能够较为有效地帮助我们评价一个人是否能够快速适应互联网舆论形势的变化。检验和评价一个人的舆商水平，可以通过媒介素养、公共关系、危机应对这些具体的内容进行综合判断，也就是业内常讲的观察其"舆论危机处置能力和应对水平"。

舆商思维指对舆论层面可能出现的各种潜在风险的提前预警能力、对舆论发展演变规律的分析把握能力以及给出各种针对性应对策略的及时处置能力等一系列能够充分适应互联网舆论场域特性变化的能力的总和。

本节重点：

1. 舆商，即舆论情商，是指一种能够充分融入互联网舆论情景场域，对已经发生或者即将发生的社会事件能够做出各种迅速、积极、有效、稳妥等一系列正面反应的社会能力。

2. 舆商思维是一系列能够充分适应互联网舆论场域特性变化的能力的总和。

第 2 章

舆论解析

从众心理

一、从众的基础是圈子

从众不仅是人作为社会性动物的行为本能，也是舆论的内在特征。心理学认为，从众心理是指个人受到外界人群行为的影响，而在自己的知觉、判断、认识上表现出与公众舆论或多数人一致的行为方式。实验表明，只有小部分人能够保持独立性，不跟从多数人的意见或流行的做法行事。

美国著名的心理学家所罗门·阿希（Solomon Asch，1907—1996）曾做过著名的阿希从众实验：每组实验邀请六个志愿者，但实际上，其中的五个都是和阿希事先通过气的"托"，只有一个是真正的实验对象；实验开始后，阿希拿出一张画有一条竖线的卡片，让大家判断这条线和另一张卡片上的三条线中的哪条线等长。这样的判断共进行18次。事实上，这些线条的长短差异十分明显，人们很容易做出判断。在两次正常判断后，五个"托"故意异口同声地说出同一个错误答案。于是一些志愿者就开始在坚定地相信自己的眼力和说出与其他人一样的答案之间摇摆。最终的结果显示：有75%的志愿者成功被"托"带偏，至少做了一次从众的错误判断。

这个实验告诉我们：从众心理是个体普遍存在的心理现象。

我们都知道，人是社会性动物，会受到来自方方面面因素的影响，形成一个又一个基于相同立场、相同学识、相同经历、相同价值的社会圈子，也即我们常说的"物以类聚，人以群分"。为了表明自己是圈子中不可缺少的一分子，我们便会表现出比较明显的从众倾向，这是从众心理产生的现实基础。

例如，一个人如果在背后说你坏话，一开始你的朋友会对此嗤之以鼻，并且愿意旗帜鲜明地站在你的立场去批判对方的这种不道德行为，但如果他一连数天听到不同的人对你持有相同的负面评价，他依然坚定不移地站出来去批判这种言论的勇气就会越来越少。到最后，他甚至会加入批判你的阵营中。即便在他的立场发生180°转变之前，依然没有任何证据可以证明"你是坏的"，但他会因为顾及整个圈子对他的看法而不得不与其他人保持一致。

更有意思的是，一旦出现这种局面，原本这位坚定地选择支持你的朋友，可能会比其他人批判得还要激烈一些。这是因为圈子内无形的压力会一刻不停地迫使他产生从众心理，进而滋生出反向的求偿心态。也就是说，之前越支持你的人，当他转换立场后或许越会批判你。这是一种十分正常的心理现象，只不过在舆论领域会显得"赤裸裸"。比如，这位朋友会宣称他是被你长期以来的虚假表象所迷惑，并且希望其他人要以他为戒，不要再被你的表象所欺骗……

　　三人成虎，众口铄金，说的就是从众心理在舆论领域的作用。美国社会学家马克·格兰诺维特（Mark Granovetter）曾提出过非常著名的弱连接理论。它描述了一群处于暴动边缘的人的心态行为变化，我们可以将其拿来做些情景推演：假设有100个人聚集在一个广场上，抗议某个重大工程的建设。对于即将公示并且开建的这个大项目，大家愤怒不已，言辞激烈，又对自己在政府决策中人微言轻的地位感到沮丧，现场一度有发生群体性事件的风险，但这些人同时也明白，比起过激的群体性事件，理性和对话更为可行。我们可以进行一个假设，人群中的每个人都在过激和理性这两种情绪之间徘徊：一种选择使用打砸、冲击等暴力行为；另一种坚持保持冷静，理性表达抗议意见。每个人都必须"二选一"，这时候就会出现"从众"的情况。这时人们并不是独立做出决定，而是在普遍受到他人行为影响的前提下，为了极力彰显自己并非他们中的"异类"而被迫做出决定，至少在一定程度上是这样。它很好地解释了舆论从众的连锁反应。

　　人们很清楚，现场参与的人越多，越有可能引起相关部门的重视，每个人被处罚的可能性会越小，这种天然的抱团本能无形之中增强了从众心理对人的影响。然而，需要特别注意的是，参与人数越多，情绪越高涨，从众倾向就会越明显，即便原本还能保持理性的人也会变得易怒且充满攻击性。我们可以根据舆论从众的这种规律，针对舆情事件的后续发展方向进行一些预警，因为一旦出现严重的负面情绪苗头后，就会有越来越多的人加入其中，舆论便会陷入恶性循环的"魔咒"之中。

　　比如，曾有人为了制造轰动效应，使用微信分饰男女二角，刻意捏造类似"女业主出轨快递员"的恶劣谣言，进而引发轩然大波。通过观察，我们可以清楚地发现，一旦网络社群中出现第一个恶意揣测性的声音，之后就会源源不断地有人加入讨论，最初他们也许在评论尺度上有所收敛，而一旦看到越来越多的人加入，其言论的尺度和分寸就会变得越来越放肆，甚至会脑补各种情节。这是一种十分典型的舆论从众情况。

这或许就能解释为什么有些毫无常识、毫无逻辑的失真信息一旦被大面积传播扩散后，原本那些我们认为还较为理性的朋友也会加入其中，有的甚至还乐此不疲，并非因为他们不知道这是谣言，而是在从众心理的作用下，他们急于通过转发、分享这样的社交方式来表达"我也是同类""你们不要拿我当外人看"的立场。

二、触发"从众"有一个阈值

盲目的从众行为会导致各种意想不到的潜在风险，特别是在纷繁复杂的互联网舆论背景下，一旦大众的从众心理被人为地刻意误导，势必造成关联影响，进而引发实质性的集体从众行为，这也是一部分人制造对抗的惯用伎俩。

事实上，我们每个人心中都有应对社会影响的思想阈值和行动阈值。也就是说，如果舆论"从众"所造成的影响大大超过了一些人的思想阈值和行动阈值，这些人可能会不计后果地加入其中。这种是影响社会稳定、引发群体性事件的主要风险之一，也是我们的工作重点。

人的思想阈值和行动阈值，两者相互依存、相互影响、相互作用，具有统一性、关联性和伴随性（以下统称为阈值）。人的阈值会受到政治立场、经济基础、社会地位、职业特点、地域分布、民族习惯等因素影响。有些个体的阈值为零，就是无论面对什么情况，他们都会发起抗议，就好比网上的一些极端情绪主义者，面对任何事、任何情况，即便事情十分完美、十分成功，他们也会以各种方式表达不满，发泄情绪，千方百计地引导更多人加入他们的"挑刺"行动中去。有些个体的阈值则相对较高，只有在现实环境改变或其心理预期达到一定程度时，才会通过响应反对阵营，加入舆论队伍的方式来表达心中不满，试图改变现状。

我们可以根据前面提到的弱连接理论，做一个假设——100个人的"从众"阈值互不相同，依次按照0、1、2、3、4……这样的顺序排列。阈值为0，代表无论面对什么情况，他都反对；阈值为1，代表当他看到有1个人反对时，他便会响应……以此类推。也就是说，当阈值为0的这名"什么都反对者"在网上发帖时，阈值为1的人就会加入，舆论力量此时为2。这个时候，阈值为2的人看到已经有两个人发帖反对，他就会加入其中……最终这100个人都变成了这个帖子的跟随者，一起舆论事件就这样发生了。

其实，舆论从众有点类似于蝴蝶效应或多米诺骨牌效应，平时处于隐匿状态，不易被察觉，经过一段时期或遇到某种突发情况时就有可能发生质变，而这恰恰是舆论安全作为国家非传统安全重要领域的关键。了解历史的人应该都明白，苏联解体不是一夜之间的轰然倒塌，而是长期地、缓慢地渗透颠覆的结果，其中意识形态领域的全面失守是造成苏联解体的关键因素之一。

众所周知，互联网是意识形态斗争的主战场、最前沿，如何防范一些被刻意鼓动的舆论从众事件发生，已经成为筑牢舆论安全之盾的必解之题。比如，我们常常可以在一起热点事件引发广泛关注，进而迅速成为微博、微信、抖音、知乎等网络平台热门话题后发现，突然之间就会出现一大批无原创、粉丝少、密集出现、口径统一的账号。各大网络平台相继开放IP属地功能后我们发现有相当一部分账号来自境外，他们刻意地制造一些具有误导性、诱导性的舆论假象，试图诱使舆论层面出现从众反应。

除了这些比较严肃的话题外，平时我们也会在各种商业营销活动中发现舆论从众的影子。比如，一些商家为了推广商品，经常会花钱邀请一些在相关领域内具有较高名气的"头部博主""营销大号"前往体验，通过这些"头部博主""营销大号"推送的正面软文来引导更多的消费者前往"打卡"，这也是当前比较常用的商业推广方式。为了能快速地聚集人气，为了给商家一份物有所值的漂亮数据，这些"头部博主""营销大号"及其所属的MCN机构，都会在软文推广的后续转发、组织跟评等互动环节做足文章，比如组织点赞，刷正面好评，以尽可能促成舆论从众情况的出现。如此一来，就会有越来越多的网民因为受到正向好评的鼓励而去"打卡"，商家受欢迎程度也会随之大幅度提升。也就是说，经过这种操作，商家就会从这种积累优势的影响中获益。商家虽然花了钱，但获得了商品推广带来的更大利益；"头部博主""营销大号"成功地将流量进行了变现。那么问题来了：究竟是谁在付出成本？

答案或许会让你大吃一惊：舆论注意力。

三、 注意力是一把"双刃剑"

注意力，其实是一种新兴的市场资源，隐匿而充满商机。当所有人的注意力都被有意识地聚集到一点时，就会产生一些令人意想不到的结果。比如，很多人被小红书上的各类推荐所吸引，即便对推荐的地方十分陌生，也会想去"一探究竟"，这是注意力对你思想意识的潜在影响，因为浏览这篇推荐信息你已经花去了时间、思考这些无形成本，当然想要得到一些回报，自然而然地就想去体验一把，毕竟谁都不想轻易浪费已经付出的成本。再比如，平台利用算法规则为你推荐了商品，你也会因为在网购页面频繁刷到这个商品的好评而产生尝试购买的想法。这些都是注意力资源成功变现的典型案例。

当然，注意力也可能是一把"双刃剑"。舆论注意力如果过度聚焦于一点，当事人就像是站在一盏巨大的聚光灯下，不仅会因为太刺眼而睁不开眼睛，也会灼伤自己。比如，近年来出现的"车主坐在车子引擎盖上哭诉"的维权事件引发了社会持续而广泛的关注和讨论，形成了一股帮助车主维权讨说法的强大舆论力量。然而，在舆论注意力持续聚焦的同时，维权人也成了舆论聚焦的对象，既往"欠款未还""被限制高消费""缠上官司"这些负面信息随之引发网友讨论，对维权人的现实生活也会造成不小的困扰。这就是舆论注意力过度集中而引发的过溢效应。

再比如，前些年曾有人发微博实名反映"高考被冒名顶替"问题，在接受大量媒体采访后，她成功地营造起了"学霸"形象及遭到不公待遇的弱势角色，引起了网民的广泛共情，获得了公众舆论的强烈聚焦，声援、支持的声音曾一度"一边倒"。然而，当联合调查组调查后给出的权威结论与其最初描述的情况存在较大出入时，舆论就发生了大幅度转向。这些都在告诉我们：舆论的注意力在能给我们带来声援力量的同时，也会因为过度聚焦而产生反向压力。总之一句话：当你想要借助舆论力量为自己维权或鸣不平时，也要做好承受舆论过度聚焦带来的压力。

对于身处舆论工作关键岗位的我们而言，要明白一个道理：任何过度引导，造成人们注意力改变的行为都有可能遭到其"反噬"。对此，我们要有足够清醒的认识。

值得注意的是，这种舆论积累优势在传播层面诱发舆论从众效应的催生机制与"蝴蝶效应"十分类似，通常是随着时间的推移缓慢作用，渐渐地由量变引发质变。这其实也在间接地告诉我们：公共舆论声誉的形成，是在不断的舆论从众过程中缓慢蝶变而成的。

四、依赖圈子的从众传播有一个优先次序

"从众"的出现绝非偶然，圈子是从众传播的重要人群基础。不同的圈子层级、不同的圈子架构形成的从众传播机理不尽相同。从宏观上看，圈子成员数量越少，成员相对越固定，从众传播的倾向性会越强，这是因为长期而稳定的圈子关系会让成员觉得自己"更被需要""更被认同"，彼此之间形成了相对牢固的行为认同属性。

一般来讲，由家庭、家族、宗族、宗亲等"家伦理"关系构成的圈子最为牢固，从众的倾向性也最强。那些由共同立场、共同价值、共同思想构成的具有特定文化属性的圈子次之。而朝夕相处的同事构成的圈

子的从众倾向最弱，这是因为单纯的工作关系随时都会因为他人或自己工作调动、岗位轮换而发生改变，届时那些促使你做出从众行为的压力将不复存在，你也就不会因为工作的原因而再受制于曾经的"强制性"束缚。

这其实为我们揭露了一个相当残酷的社会事实：很多时候，我们并不是在为自己发言，而是为了能让自己在身处的圈子里拥有相对和谐的人际关系而被动地发言。也就是说，当我们因为工作、生活等客观原因从一个圈子横跨到另一个与我们之前言行完全相悖的圈子时，我们的言行也会随之发生大幅度改变，有的甚至是根本性转变。

比如，当我花了大半辈子积蓄购买的新楼盘因为楼市调控政策、市场低迷而降价销售时，我可能会毫不犹豫地加入"向房地产商施压""集体去政府信访"等抵制房价下跌的维权队伍，此时，我的心态是：我还没有拿到房子，凭什么就让我损失了几十万元。而如果我还没有买房，正在为高房价发愁时，可能会产生完全不同的想法：房价下跌才是房地产市场回归理性的正常现象，并且坚定地支持房价下行和降价销售。当然，这并不是在指责我们毫无立场，背信弃义，而是在呈现一个我们都需要正视和面对的社会现实：特定圈子里形成的强烈从众氛围，会逼着我们因为需要维系我们在圈子里的种种人际关系，维护这个圈子给我们带来的额外利益而不得不做出一些转变，即便这些转变有违我们的做人原则和处世本意，也许我们依然会做出相应的妥协和让步。

当然，圈子的社会属性、伦理属性、价值属性、文化属性、利益属性决定着一个人对不同圈子的信任的优先程度，并且影响着圈子作为舆论信息传播平台在我们心中的优先次序。比如，我们可能会将我们认为特别重要的信息首先分享到人数相对较少的家庭群、亲戚群，以提醒他们及时关注，这是处于最高信任等级的"家庭伦理"关系的圈子，它的属性让我们做出优先传播选择。充分的亲情伦理会让我们放下所有顾虑，去和我们的家庭成员分享我们获得的第一手信息。但是，我们不会将这些信息发到我们的同事群、工作群，因为仅仅工作层面的交往，会让我们担心如果有好事之人将这些信息截图外传，会给我们带来一些麻烦。正是因为这样，我们会发现：在一些舆情事件发生、发展过程中，一些内部信息的外泄，绝大多数都是由内部人员先将其发到了家庭群、亲戚群这些"家庭关系"的圈群，而后造成舆论的一系列连锁反应。

需要指出的是，对于绝大多数人来讲，"从众"其实是一个相当不错的选择，这是因为善于在圈子里恰到好处地表达从众意愿，做出从众选择，可以十分有效地帮我们尽快地融入一个相对稳定的圈子，而这个圈子可能成为我们之后源源不断攫取人脉资源的相对稳定的"富矿"。也就是说，如果我们在圈子里能够积极主动表达从众意愿，可以有效增加圈子里其他成员对我们的好感，让我们更加合群，这样做也许还能给我们带来一些意想不到的好处，比如人们愿意为我们介绍生意资源或优先推荐不错的职位，等等。

正是由于"从众"拥有这些天然的好处，所以一旦周边的人开始针对一个事件表达趋同的观点时，我们很可能会因为感受到来自周围的无形的压力，进而跟着去表态，以便能及时地释放"我并没有背叛你们""我也是你们的同类人"的信号。究其根本，这是我们作为社会人正常交际的本能。

我们可能还记得，"妹妹在我床上拉屎""郎朗已经手捏一块屎""一边尿还一边说'你的两个娘都尿了'",这样的诗句曾经冲上热搜,引起了广泛讨论。经过观察我们发现,对于这个话题,无论是讨论声量,还是关注兴趣,抑或评价观点,圈内与圈外的反应相差很大。圈外人的讨论声量较大,圈内人更愿意保持沉默;圈外人的观点五花八门,圈内人的观点更趋于统一。出现这样的情况,恰恰是因为圈内的人要比圈外的人受到更多来自这个圈子本身的属性限制。在强烈的圈子从众心理面前,圈内人员在立场、思想、言论等行为方面表现得趋同、一致,因为对他们而言,任何与圈子属性不一致的行为,都可能会被圈子中的其他人视为异类,是要被清理出去的。

当然,我们总是会对与自己立场一致、思想一致、兴趣一致的人表现出异常的亲近感,这是从众心理最基本的工作机理。比如我们因为热爱摄影,加入了一个著名的摄影团体,我们会为了向群主表明我们其实是这些摄影爱好者中非常懂行、非常忠实的粉丝而去积极转发群主发在社群里的文章、作品,即便我们可能对此一窍不通,但依然会表现得足够专业,而我们之所以这么做,只不过想借机拉近与群主及群内成员的距离,进而从这个圈子里获得更多资源而已。尽管这样的圈子从众行为可能会让我们产生一些刻意迎合、阿谀讨好的不适感,但与圈子认同给你带来你想要的加入社团、参加活动、获得名誉这些"奖励"相比,这种来自心理的不适感往往显得不值一提。

需要注意的是,圈子也会因为时代的变迁、技术的更新、领域的变化而出现再调整,再分化。比如,算法推荐、兴趣置顶这些新兴的互联网技术无形之中进一步加剧了网络圈子的再分化,再调整,在网络中我们无形地被划成了一个又一个立场更加趋同、思想更加统一、文化更加接近的封闭小圈，形成了一个个因为不同政治立场、不同价值追求、不同文化根基、不同兴趣爱好等因素而建立起来的不同阵营，"对内高度服从，对外明显排斥"的圈子排异本性会让圈内成员在涉及一些争论话题的讨论上呈现出对不同观点的对抗性，于是为了能让自己一方在声势上压过对方，圈子里的人便会产生从众倾向，即便我们认为自己一方发声的理由太过牵强，但仍会为了维持圈内成员的身份认同而去无条件地附和。

此时，我们要清楚，每个人自发的"从众"背后，有可能是被提前设计好的。对于普通人而言，绝大多数时候并没有"从什么众"的选择权利，而只有在已经开始的从众传播面前选择"跟"或"不跟"，这其实类似于反垄断领域里常说的"二选一"。比如，在一些由非理性动物保护主义者构成的网络社群里，任何发表不同看法的人都会被视为是群内氛围的"破坏分子""干扰元素"，很可能会被扣上"异类"的帽子而被清理出去，事实上留给群成员的选择只能是"响应从众"或"被清理出去"。这些人的思想倾向其实十分简单，不是全盘接受就是全盘否定，他们十分清楚自己的力量，所以不能容忍异议，喜欢强制服从。这看起来是体现集体意志的行为，事实上不过是社群设计者玩的一个障眼法而已。

互联网带动了扁平化、去中心化的信息传播革命，网民并不会直接把一些信息传递给他们的亲朋好友中最有权威或关系最好的人，而是更愿意将信息传递给他们认为与自己兴趣、爱好高度相似的人。当然，不同信息在不同层级、不同群组、不同领域中的传播等级也不尽相同，比如与疫情有关的信息我们可能会优先传播给家人，而涉及思想观点的辩论信息我们则会更愿意与我们立场趋同的人分享，这是因为每一个人都希望自己传播的信息能得到传播圈子里其他人广泛而一致的认同，并且真诚地期望圈子里的所有人都能加入自己的阵营，给自己以最强的舆论支持。当然，真实的舆论情况远比我们讲到的更加复杂和多变，但基本道理应该差不多。

五、意见领袖是十分重要的一环

意见领袖也是影响舆论从众的关键要素之一。深度解构从众心理在公众舆论中的形成、影响、方向等方面的机制机理，才能及时做好风险预警和防范。对以意见领袖为代表的影响力人群在公众舆论中的影响系数进行评估是十分重要的内容。可以这么讲，一些意见领袖是大多数舆论从众信源的抛出者和设计者，他们能够利用大众普遍存在的从众心理，完成对公众舆论的影响和引导。

比如，持有动物保护主义观点的意见领袖在由动物保护主义者组成的网络社群中抛出动物保护主义观点，瞬时就能引起群内广泛而强烈的共鸣，极具引导群内成员情绪向更广阔的舆论平台扩散传播的可能。在不断形成的从众情绪氛围的鼓动下，原本可能还略显中性的动物保护倡议会变得越来越具有"攻击性"，就像前面说的"当参与人数越多，参与者的情绪就会变得越高涨，从众心理带来的精神快感就会变得越强，原本还能保持理性的人也会变得易怒而充满攻击性"，这是因为他们认为把声势搞得越大，就越会有人参与，而个体受到实质性惩罚的概率也会越小。

在大多数舆论事件中，意见领袖是在舆论形成、演变过程中十分关键的传播介质。当网民三五成群、聚集成队时，他们就会本能地希望一些能代表他们共同价值追求的人走到台前为他们发声，这就是意见领袖成为影响互联网舆论形成的关键因素的实质性市场"土壤"。需要指出的是，意见领袖的言论倾向、行为特征往往代表了特定人群的集体意志。比如从一名女权主义意见领袖的言论尺度上可以大致推测出其所代言的这个女权主义群体的规模、激进程度和动员能力。

情绪撩拨和行为煽动，是意见领袖之所以成为意见领袖的"核心技能"。对于意见领袖而言，想方设法撩拨代言群体的情绪，千方百计地暗示他们集中精力去做一些事情，既可以确保其意见领袖的地位不被他人夺走，又可以让自己显得很有舆论号召力、社会影响力，这是一举两得的选择，何乐而不为？这也是前些年互联网规则秩序还没完全建立时一些意见领袖可以通过不带任何逻辑、没有任何依据的简单断言，就能够对现实规则秩序产生很大影响的重要原因。

当然，意见领袖如果要把特定的思想观念真正灌输给更多人，还要使用一些额外的手段，比如运用断言、重复和感染这些属于社会心理学范畴的话术和手段。

断言，就是简单而纯粹地快速做出判断，在网络舆论的情绪化传播下，越不带任何论据和论证的简单断言越有舆论威力，这可能与我们的想象完全不同，但这的确就是现实。要知道，对于大众来讲，愤怒、偏激、攻击的煽动力远远高于平和、温情。

重复，就是将议题不断提及，这是因为不断地重复，容易使所需要传播的观点以一种"潜移默化"的方式逐渐深入人心，并最终被人接受而不必进行自证，前些年的"谣言就是遥遥领先的预言"等漏洞百出的谬论广泛流行就是使用的这种手段。

感染，是指对已经不断重复的断言进行煽情包装，以让其充满情绪感染性和行动动员力。意见领袖的断言经过充分的重复，会导致其所在群体的态度趋向一致，强大的心理感染机制就会有针对性地开启，而经过情绪包装的断言就会像病毒一样在各个网络社群、平台圈群中传播蔓延，最终促使舆论从众效应发生。需要指出，不在一个圈层的人或许一开始不会那么轻易地互相"感染"，但如果有足够多的人加入其中，量变就会导致质变，进而出现不可控制的感染性传播，这是因为感染性传播激发了人们的群体模仿行为本能，但本质上这只是因为大家想维持正常的人际关系，不想自己被认为是群体中的异类罢了。

社会学中有个非常著名的社交网络理论——六度分隔理论：世界上任何互不相识的两人之间所间隔的人不会超六个。也就是说，最多通过六个人你就能够认识世界上任何一个陌生人。当然，这个理论并不是说任何人与人之间的联系都必须要经过六步才会发生，而是在表达一个十分重要的社会学观点：任何两位素不相识的人，只要通过一定的方法，总能产生一些必要的联系或关系。事实也的确证明意见领袖与我们想要接触的一些人之间的中间环节要比普通网民少很多，他们确实比一般人更能引起群体的思想层面上的舆论传播。

但意见领袖的作用不宜被过分夸大。大众可能认为，是意见领袖主动利用了舆论的从众心理，制造了公众舆论影响，但实际情况可能并非如此。这一方面是因为影响人们做出从众行为的并不是"谁是意见领袖"本身，而是意见领袖发表的观点迎合了这部分人的集体意志；另一方面意见领袖发表的观点借助舆论从众心理进行传播时，其传播效果并不是取决于意见领袖的个体特性，而是取决于从众参与者形成的网络的特点。也就是说，作为影响舆论从众形成的关键要素的意见领袖与舆论从众机制之间既不存在直接的因果触发联系，也不存在面上的正相关关系，而身处网络社群中的普通个体之间形成的共识意见，反而要比意见领袖更为重要，这是因为没有舆论从众的第一批响应者，即便是很有影响力的意见领袖也无法产生太大的舆论影响。与其说是意见领袖影响了舆论，倒不如说是意见领袖为了维护自己意见领袖的地位而去发表了一些能够触发舆论从众效应的观点和意见。

仅仅通过干预意见领袖的方式，就想从根本上避免舆论层面出现从众效应，事实上很难成功。这是因为大多数舆论共识的形成并不是由这一小部分意见领袖来完成，而是由其背后有着共同立场、共同思想、共同价值观、共同文化的群体意志所决定的。意见领袖的观点容易被广泛接受进而得到有效传播，只是因为他们刚好在合适的时间、合适的场合恰如其分地讲出了他们所代表群体的集体心声而已。

需要注意的是，在防范过激言行容易触发舆论从众行为，进而带来政治、法律、经济、社会、意识形态等更大层面的风险方面，我们可能还存在着一些问题，面临着一些挑战。特别是在互联网正在让社会进一步分层分级的大背景下，这些问题难免会变得突出而敏感。比如，一个执法事件引起的舆情传播，由执法人员组成的网络社群的观点往往与那些曾被执法人员处罚过的拥有共同经历的人组成的网络社群的观点截然相反，然而二者却都能在各自圈群里得到广泛的响应。这时候，不属于这两个圈子的人群的判断和选择就显得十分关键，如果倒向其中一方，就会对另外一方造成舆论层面的从众压力，这种情况在舆情案例中已经相当普遍。

如果"吃瓜群众"无法第一时间从网上已有信息中获取到一些有价值的信息，而他们又没有能力在第一时间判断事件的是非对错，这时候他们就会根据其他人议论、描述、评论的情况，做出自己认为合理的判断，并且对此深信不疑。也就是说，在一起舆情事件中，大多数"吃瓜群众"的选择，很可能是先去看这个引发舆论争议的帖子下面的跟评和跟帖，再结合自己认为合理的假设及跟评言论的内在逻辑，有选择性地进行观点"站队"。事实上，这种"站队"氛围一旦形成，便会源源不断地吸引更多人加入其中。

在实际工作过程中，一个帖子以迅雷不及掩耳之势引发全网聚焦的同时，跟评内容总体是否客观、理性，往往就决定了这起舆情事件在后续发展演变过程中是否容易走偏。常识告诉我们，每个人都是基于自身相对完整的逻辑认知得出结论的，但现实很可能会让你大跌眼镜：越是情绪化的评论，越容易得到响应和追捧，热帖底下往往更容易出现正反两种情绪对峙或对抗的评论。那么，接下来发生的一切也会变得顺理成章，越来越多的人加入争论，越来越多的人开始站队，对峙、对抗、对骂越来越明显。而人们之所以愿意加入其中，很可能只是源于"今天上班迟到被扣工资""今天因为琐事和爱人吵架"这些需要宣泄的情绪小事。

六、不良从众效应可以被提前影响

采取合理有效的方式在舆论即将出现不良从众效应之前进行适度引

导和干预至关重要，也相当有必要。关于网络舆论，很多决策者存在两种思想误区：要么认为网络舆论本就非理性，都是无所事事的闲散人员在宣泄情绪，主张对此置之不理，这种观念曾在很长一段时期里颇为流行；要么认为网络舆论都是理性声音，是毫无任何利益动机的真实民意，主张全盘吸收。

其实，两种观点都要不得。

为了能更加直观地解释这个现象，我们可以尝试把舆论出现从众反应的情况比喻为房屋发生火灾，只有当起火源、易燃物、环境湿度等条件共同满足时，才会酿成火灾。也就是说，如果一个热帖下面出现大量网民纷纷跟评的从众现象，除了事件本身有足够的话题性外，同时还要满足网帖信息充分呈现、已有跟评出现情绪火苗、话题热度发生关联这些外围的舆论条件。前面我们已经讲过，导致舆论出现从众效应的关键条件与那些表面上影响力大的意见领袖并没有直接的因果联系，而是与那些大量易受影响的普通网民的关联度更为密切，这些人也在持续影响着其他易受影响的人。因此，有效引导普通网民保持理智就成了一个值得探索的路径。

也就是说，当一个帖子引发舆论广泛关注时，要懂得用一些碎片化的真相信息、尽可能能舒缓情绪的调适语调，去给那些已经形成并且还在不断上升的情绪舆论降降温，降降火。比如，一个小贩在网上发帖控诉遭受执法部门暴力执法，按照"调查核实—形成初稿—决策审核—发布通稿"的传统舆论回应程序，经过认真核查后再发布"网帖陈述情况与事实严重不符"这样的调查结论，得到的很可能是更为激烈的舆论质疑，这是因为舆论从众效应在帖子发出后的几小时之内就已经发生，并且还会随着时间的推移而不断强化，最终形成了较为一致的评价共识。如果几天后再尝试去扭转，恐怕很难。所以，在研判洞察后续舆论可能会导致不良从众效应风险之前，就可以通过已经调查到的碎片事实和"不急着下结论""不妨等等看看"等情绪调适观点去进行一些适度的跟评调节，以避免舆论被一些人利用而偏离真相。

　　总之，普通网民在舆论层面的相互作用才是我们需要关注和研究的重点。每个网民都会受到他人网上言行的影响，并在政治立场、经济基础、文化层次、民族身份、社会阶层等方面的因素作用下，更愿意通过舆论从众的方式向同类人或潜在的同类人释放亲近的信号。

———————————

本节重点：

1. 人是社会性动物，从众心理是一种自我保护的心理本能。

2. 圈子是舆论从众的重要基础，不同的圈子层级、不同的圈子架构形成的从众传播效果也不尽相同。

3. 舆论从众很容易受到外界因素干扰，是影响正常网络舆论秩序的风险因子。

4. 算法推荐、兴趣置顶等技术加剧了网络圈子的再分层、再分级。

5. 意见领袖是影响舆论从众的关键要素之一，但作用并没有想象中的那么大。

6. 及时干预是防止舆论诱发不良从众效应的有效手段。

舆论人设

一、人设的好坏事关舆论影响力

同样一句话，从明星口中讲出来，可能远比普通人讲出来更有社会号召力和舆论动员力。这并不是因为明星讲得"多么正确""多么有感召力"，而是因为讲出这句话的人有着万千粉丝。

尽管你可能对这些明星的演技及被包装过的形象嗤之以鼻，但没办法，你不得不承认他们在粉丝群体里拥有"众星捧月"般超高人气以及刻意包装后的人设形象给他们带来"非理性"传播力、影响力、美誉度的现实，你也得面对"因为这句话是我偶像说的，所以我更愿意相信"这些可能在你看来毫无逻辑的舆论难题。

因为艳羡、钦慕、崇拜偶像在物质利益、资源支配、社会影响等方面的超人待遇，以至于有些粉丝会不自觉地产生"希望有朝一日我也能成为像偶像那样的成功人士"的想象，特别是在心智还未完全成熟的青少年群体中，这种"梦想"往往具有极强的精神成瘾性和行为模仿性，会不断地诱使他们迫不及待地通过融入偶像日常生活工作、模仿偶像行为举止等方式，去和偶像进行"精神伴随""时空交往"。正因为如此，追星机构找到了市场土壤，商家嗅到了盈利商机，这或许就可以解释为什么虽然偷拍明星的行径令人不齿，但依然有人不惜触犯法律法规来获取明星的私人信息；这也可以解释为什么当一个"十八线明星"机缘巧合进入"一线明星"行列，一些购物网站首页很快就会出现大量"同款衣物""同款首饰"等"同款商品"。

粉丝越迫切想要成为像他们偶像那样的"成功人士"，就越会对其言论、行为表现出强烈的认同性，这是一种十分正常的心理现象。然而，我们需要注意的是，这种认同性会非常"霸道"，不容许其他人说"不"、喊"停"。也就是说，任何质疑和批评他们偶像的行为都会被粉丝群体视为是对他们本人人格的彻底否定。

"我的偶像怎么可能说错""我的偶像怎么可能有错"背后的潜台词往往是"我怎么可能说错""我怎么可能选错""我怎么可能有错"，这就可以解释为什么有些粉丝明明知道他们的偶像讲的是错误观点、极端言论，但依然会选择"一错到底"的支持。比如近年来一些拥有较高人气的"顶流"明星因为触碰了法律底线，受到了法律制裁，在遭到舆论谴责时，他们的部分粉丝却偏执地认为一定是有人在故意构陷，并坚持认为他们的偶像没有错，甚至还曾公开扬言号召粉丝群体去集体"劫狱"，来"营救"他们的偶像。

这种因为偶像崇拜而建立起来的信任传播，从浅层来看，是一种因为艳羡偶像在各方面获得超高待遇的心理期许，并经长期不间断的线上线下互动逐步强化而形成的一种较为持久且牢固的信任黏力，具有很强的忠诚性和服从性；从深层来剖析，这其实也是一种精致的利己主义心态外化出来的带有强烈排异特质的偏执主义心理情感。这种情感具有很大的不确定性，常常飘忽不定，容易因外界因素影响而改变，甚至发生根本性转向。也就是说，他前一秒可能还对某位明星爱得"死去活来"，是其忠实"铁粉"，后一秒就有可能转为"黑粉"，这并不是因为他真的对曾经崇拜的偶像的印象发生了根本性转变，只是因为他崇拜的偶像被曝出的一些行为刚好违背了他内心深处的认知，触及了他情感深处的核心原则。从心理学角度讲，与其说是他们倾慕某个偶像，倒不如说他们追求的是自己内心深处期盼的一个完美人格罢了。

这一定程度上可以解释为什么经纪公司会花费大把的金钱和大量的精力去维护好明星在公众舆论层面的良好形象。事实上，并不是他们自己主动塑造了某个舆论人设，而是他们迎合并且精心维护着粉丝期待的那个人设形象而已。其中的逻辑很简单：对于明星而言，一旦他在粉丝心中的人设崩塌，那么所有基于这个人设而建立起来的庞大利益市场也将随之消失，这对明星和其背后的经纪公司都将是一场"灭顶之灾"。也就是说，后续再好的公关手段都无法改变人设崩塌后明星被其幕后资本抛弃、被粉丝群体厌弃的结局。

二、在人设塑造方面，我们还要努力学习

在借助好感人设开展议题宣传方面，无论是西方，还是日本、韩国都有其过人之处，值得我们学习。

比如，美国大选之前，无论是民主党，还是共和党都会通过媒体造

势、现场演说、访谈对话等各种宣传方式为各自的候选人进行强有力的舆论造势，千方百计地建立起能够有效与选民拉近心理距离、能充分赢得选民信任的人设形象。在互联网技术持续演进的当下，他们开始借助大数据、算法等技术手段，监测选民心态，分析舆论反馈，从而对候选人在不同场合的着装、重要演说的讲稿、访谈内容、照片拍摄角度、媒体造势基调等进行十分精确的把握和设计，以确保候选人的公开人设形象能够真正走进选民心里。人是情感性动物，总是会对充满正义感、道德感的主张产生天然的好感和信任，这也是西方国家每逢总统大选时，各个政党都要对其选定的候选人进行好感人设方面集中包装的原因。除了做慈善、现场演讲这些传统手段外，利用社交媒体自下而上低势位、侧重情感传播的规律属性，通过渲染类似中年丧妻、老年丧子、身患重病等充满磨难的坎坷的人生经历，从另一个角度来塑造候选人的"励志人设"，也越来越成为一种宣传策略。

我们每一个人都是理性和感性的复合体。理性可以帮助我们在识别、判断、评估具体事件时保持良好的心态，不被情绪干扰，按照事物发展的普遍性规律和自然进化的客观原则去考虑问题，处理事情不冲动，不凭感觉做事情。然而，人毕竟不是电脑程序，我们几乎每时每刻都会受到情感、情绪等因素的影响。比如，我们接受了一个人在"励志人设"方面的好感形象，便很难改变对他的第一印象。心理学上将这种情况称为首因效应，也就是我们通常讲的"先入为主"。

1974年，希伯来大学心理学教授丹尼尔·卡尼曼（Daniel Kahneman）和阿莫斯·特沃斯基（Amos Tversky）做过一个十分经典的实验。实验要求志愿者对非洲国家在联合国所占席位的百分比进行估计。

首先，他们随机给每组志愿者一个百分比数字。然后，他们逐个暗示志愿者，这个随机数字比真实数字大或比真实数字小。最后，他们要求志愿者估计出一个数字。有意思的是，志愿者最后估计出来的数字都受到了一开始拿到的随机数字的影响。这个实验说明，人们做决策前其思维常常会被所得到的第一信息所左右。

现实生活中，一个人要做到不受其接收到的第一信息、第一印象的影响不太可能，也难以做到，这是由人的社会属性所决定的，但我们对此不是无能为力。要尽可能地避免受其影响，一是时刻保持审慎的心态，对一些突然出现的、带有明显人设形象意图的密集文案，要有足够的警觉，在做出观点判断时，要尽量无视、剔除那些容易让你"沉锚"的信息，虽然这实际上做起来很难；二是从多个角度去收集相关信息，综合不同面向做出最终判断，以把"沉锚"的影响程度降到最低。比如，某个舆论话题正持续引发激烈讨论时，网上突然密集出现了大量口径一致、步调一致，并且试图营造出当事人"手抱吉他""谈笑风趣"等令人有强烈亲近欲及好感的"美食家""民谣歌手"人设形象的时候，我们要保持足够的警惕，因为这些照片、帖文的目的就是有效拉近人设与普通网民之间的情感距离，使其产生"不忍心其离开""同情其遭遇"等印象，从而达到借助人设形象形成舆论声援的目的。这就是舆论人设形象塑造的潜在力量。

我们的邻国日本在通过塑造好感议题进行国家形象宣传方面，也有很多值得我们学习的地方。我们知道，日本的《灌篮高手》《网球王子》《足球小子》等一大批动漫作品是当前绝大多数中国80后、90后的童年记忆。这些优秀的动漫作品，曾让我国的青少年对日本产生了普遍性的亲近感，业内也称其为日本文宣领域的"动漫战略"。因为喜欢动漫，所以向往日本，是很多深受日本优秀动漫作品影响的青少年群体深层次的情感逻辑，这也在很大程度上带动了日本的文化产业、旅游行业的消费增长。

15～22岁的青少年群体的人生观、世界观、价值观还没有完全定型，往往会因为心理好感而对某人产生盲目崇拜感，如果不能第一时间给予正确引导，在暗示、反复等潜意识心理机制作用下，难免会不自觉地被一步步带入他人预设的思想陷阱中。这是事关青少年思政教育的潜在风险，我们要对有人刻意利用舆论好感印象而传播误导性观点的情况保持警惕。

当然，话说回来，国外这种塑造良好人设形象的宣传方式非常值得我们学习和借鉴。心理学家罗伯特·扎荣茨（Robert Zajonc）曾提出著名的"多看效应"理论："只要多次看到一个能够充分引起兴趣的事物，人们潜意识中对该事物的评价就会高于其他陌生的事物。"这也再次印证了首因效应对人的思想影响的重要性。也就是说，我们完全可以通过社交媒体交互性、扁平化的媒介属性，提前就所要宣传的事迹、人物做些舆论好感方面的人设形象塑造，以增加其与受众的交往频率，拉近与受众的交往距离。了解程度越深，交往所带来的默契程度就会越高，需要付出的沟通成本自然就越低。这会大大提高宣传成功的概率。

三、人设形象常常影响我们的判断

事实上，除了上面讲到的这些，人设形象还会影响到我们的工作方式、生活态度、价值追求的方方面面。对于大多数成年人来讲，在生活节奏越来越快、工作压力越来越大的当下，房贷、育儿、养老这些都是避不开的现实，都是压在每一个成年人身上的无形枷锁，有时甚至会把一个人压得喘不过气来。越被现实生活压得喘不过气来的人，越有可能通过虚拟世界去寻求一些精神上的慰藉，业内也称互联网的"解压阀"效应。也就是说，现实中压力越大的人，就越容易对"批判型"网络博主表现出超乎寻常的亲近感和认同感，比如越偏激的观点他们越支持等，这是因为他们想用这样的方式来宣泄自己对生活现状的不满情绪。

再比如，曾被贴过违停罚单的人，会比那些没有被贴过的人更愿意去参与一些与贴罚单有关的网上舆情的讨论，而且也会十分默契地站到批判的一方，言辞越激烈、情绪越偏激的文章、帖子就越容易得到他们的支持和响应，他们并非真的对管理部门充满恨意，而是这样的跟风、跟骂能为其带来宣泄的快感。

然而，需要注意的是，以情绪批判形象示人的网络博主收割了流量，增加了粉丝，获得了影响力，情绪偏执主义者在非理性跟风、跟骂中获得了心理快感，这个看起来"双赢"的结果，实际上却严重损害了需要理性舆论才能建构起来的和谐社会氛围。

四、人设传播揭示了互联网传播规律的根本性变革

我们很清楚，新媒体深刻地改变了舆论场的结构和规律。微博、微信、抖音、头条、快手、西瓜、知乎等不断出现的新媒体平台所构成的互联网新媒体舆论场，已经完全颠覆了我们对传统媒介的认知，完全超

出了我们掌握的传统传播的规律。这是因为报纸、电台、杂志、电视这些传统媒体构成的传统舆论场是自上而下、高势位的传播，具有单向、俯视的传播特点，侧重于对传播信息的解读。比如，在政府体系中，每天早晨，办公室文书都会把《人民日报》《新华每日电讯》《光明日报》《学习时报》《半月谈》《浙江日报》……这些中央权威刊物和地方核心刊物摆到单位领导的办公桌上，这些是绝大多数单位领导每日的必读刊物。为什么领导干部每天要读这些刊物？很明显，不会是因为作者文采斐然、用词优美，他们更多的是希望能在这些刊物当中读到各级党委、政府贯彻大政方针、落实中心工作的信号和信息，以便接下来能结合具体负责的工作，更好地围绕中心、服务大局，将各项决策部署落到实处。

也正是因为这样，为了最大限度地避免因为过度解读而造成的误读、错读，刊发在这些权威刊物上的文章往往会"惜字如金"，为的就是防止因为一些额外的修饰词汇而让读者过度解读。也就是说，这些刊物中的每个字、每个词，都是经过作者、编辑精心打磨，反复推敲的，都需要逐字逐句品，逐字逐句悟，这就是典型的传统媒体舆论背景下的传播规律。

然而，互联网新媒体舆论的传播规律刚好相反，它是自下而上、低势位的传播，侧重于平民视角、草根视角，主要依赖情感互动。所以，对于我们舆论工作者而言，要懂得找准自己的舆论定位，建立起符合我们自身角色定位的舆论人设，与新闻媒体、商业平台中的意见领袖或是普通网民展开充分而善意的沟通对话，以增加自己的舆论影响力、社会美誉度。

现在有一种观点认为，自媒体抢了传统媒体的"饭碗"。例如一个自媒体账号动辄"10万+"的影响力，会给传统媒体在舆论中的主流地位造成史无前例的影响力冲击，主张通过一些干预手段尽可能地压缩自媒体的发展空间，从而为传统媒体让道。事实上，媒体账号、政务账号这些官方的新媒体平台本身就有权威的"人设"定位，同样一个信息从这些账号发出来，其权威观感要远远高于一个普通的自媒体账号，这是由官方账号的权威性决定的，无论自媒体账号怎么努力也替代不了。当然，自媒体账号也有自身的"人设"定位，优势也很明显，可以从普通网民的角度提出观点，表达想法，给出意见，两者应该是相辅相成、辩证统一的关系，而不应该是"谁抢了谁饭碗"的排异关系。也就是说，我们应该考虑的不是"谁给谁让道"的问题，而是如何才能让双方"角色互补，观点互补"，形成良性循环。

总之，无论是官方账号，还是自媒体账号，都应主动地去适应互联网舆论的传播趋势，因为潮流的大势不可逆，作为互联网时代的决策者、参与者、见证者，一定要懂得顺势而为、趁势而起、造势成势的道理。这告诉我们，对于各级政府、部门而言，要把树立充满权威感、信任感、温度感的"舆论人设"作为官方账号的运维内核，既要准确把握权威舆论人设的庄严感，又要能给人以充分、暖心的情感互动，尽可能地做到张弛有度，收放自如，只有这样才能最大限度地赢得舆论认同和社会支持，真正让权威声音"飞入寻常百姓家"。当然，做到这些很难，但依然要做。

举个例子，一个从不发消息、从不与网民互动的官方账号，在遇到突发事件需要公开回应时，即便已经非常及时地发布了一则条理清晰、思维严密、事实清楚的权威通报，也很难在第一时间就快速地占据舆论高地，赢得网民认同。这是为什么呢？究其原因，绝大多数"吃瓜群众"对于从不沟通对话、从不进行情感交流的官方账号本就没有多少好感，除非涉及自己特别关心的消息，否则都会选择性地加以忽略，毕竟"平时你都对我不理不睬，凭什么关键时候要我来帮你传播"这个道理，大家都明白。

的确，这些年互联网传播媒介逐渐引起重视，新媒体平台成了各地提升基层社会治理水平的重要渠道。如今，官方账号数年数月数日不更新内容的情况已经非常少见，但与此同时，我们也发现有些官方账号的舆论表现走向了另一个极端。它们往往为了好看的流量数据或尽可能地表现自身账号在网上舆论方面取得的成绩，而去刻意地迎合大众的娱乐心理、猎奇心态，不同程度地出现了泛娱乐化、唯流量化等方面的苗头，这已经大大偏离了官方账号的根本人设形象。比如，最近几年，抖音、快手、西瓜等视觉平台持续兴起，一些政务新媒体为了能最大限度吸引舆论关注，赢得点赞率，获得传播量，兴起了一股"卖嗲卖颜值""集赞求赞"的新媒体宣传风，试图以"嗲声嗲气""奶声奶气""胭脂气"等泛娱乐化表现形式迎合大众对颜值高、卖萌卖嗲的偏好来提升舆论传播的流量数据，这明显有违政务新媒体账号应有的庄严、权威人设观感，遭到了社会的一致批评，引发了不少负面舆情。如果我们去分析这些事件背后的深层次原因，不难发现这些新媒体账号在舆论人设的定位上无一例外地都出现了偏差。

因此，要运营维护好官方账号的"舆论人设"，可以从三方面入手。

一是要认清主动引导舆论与盲目迎合舆论之间的界限。现在，有些部门的新媒体宣传工作不惜使用一些泛娱乐化、过度庸俗化的所谓"舞蹈""手势""妆容"来提高点击率、评论量，虽然表面上的确大大增加了点赞量、点击率，但在本质上却损害了政务部门的权威形象。对此，我们一定要明白：引导舆论是要用坚定的政治立场、正确的价值取向去说服和影响公众以不断形成积极向上的社会共识，是一种积极、主动的引导姿态；迎合舆论则是为了博取大众好感，通过刻意迎合舆论中存在的针对某类事物、某种倾向的观感偏好，来达到所谓点击量、阅读量等预期流量值的方式，是一种为迎合而迎合的被动姿态。两者之间有着本质区别。将政务属性作为根本底色的政务新媒体负责人，应时刻牢记：牢固树立权威形象、弘扬社会价值导向是新媒体宣传策划的根本出发点。

二是要厘清宣传目的与宣传方式之间的尺度问题。要做好新媒体宣传工作，就要时刻保持对新媒体舆论宣传"时、度、效"的分寸拿捏，既要避免因宣传方式不当而造成的"低级红"，又要防止被搅局势力介入而搞出"高级黑"。也就是说，我们需要在互联网舆论自下而上、侧重情感传播的规律与政务新媒体严肃严谨的核心导向之间找到一个恰当的平衡点，既保证官方账号的严肃性，又尽可能地激活互联网传播元素，真正做到政治效果、法律效果、社会效果和舆论效果的四效合一。因此，要特别注意宣传目的与宣传方式的契合、匹配问题。以"卖嗲卖萌卖颜值"新媒体宣传方式为例，在组织策划前就需要对主角的穿着打扮程度、讲述视角、语言分寸等各方面进行前置性观感评估，要极力避免因化妆过度、语言轻浮、娱乐痕迹过重等不当表现冲击执法部门严肃形象的情况发生。

三是要警惕政绩宣传动机伴随滋生的盲从效仿问题。我们需要注意，互联网舆论的宣传工作往往会受到政绩动机的影响而出现同行同领域之间的"群体效仿"问题，特别是当有单位率先策划推出一些十分吸引眼球的新媒体宣传产品时，即便明知其中存在一些较为明显的问题，依然会有同行进行模仿。最令人担心的也是这个问题，因为舆论层面的反馈往往并不会那么迅速而直接，存在比较明显的滞后性、隐匿性，一旦这些表面看起来"风光无限"的不当宣传接续出现，人们由此产生的抵触心理就会在舆论深处不断积蓄，随着时间推移，总有一天会造成难以挽回的显性后果，到那时再想着去纠偏，恐怕为时已晚。

五、在利用人设形象传播方面，我们将大有可为

当然，自媒体领域也是如此，一个定时更新且深受粉丝喜爱的自媒体账号，即便是因为一些原因，偶尔出现了一个较为明显的常识错误，也依然不会对其网络传播力、粉丝影响力、舆论美誉度造成实质性的影响，这是长期互动交流积累起来的传播优势。

因此，对于身处舆论工作关键岗位的我们来讲，要紧紧抓住自媒体个性化的一面，除了法律规则层面的必要教育引导之外，还要善于利用自媒体个性、亲近、自由这些独特的特点，不断引导社会上的自媒体人士、新媒体团队积极主动地参与到好感议题、柔性文案的策划宣传当中，最终促成整个舆论宣传成果"真正破圈"。

以海外传播为例，我们看到了"小一姐姐""李子柒""阿木爷爷""碰碰彭碰彭"等一批在汉服国风、特色美食、传统工艺等弘扬中国传统文化领域拥有良好舆论人设的博主接续涌现，也看到了这些博主赢得海内外网民点赞认可的良好效果。对于我们来讲，这就是非常好的启示

案例。

比如，我们都很清楚，要根本性扭转当前中国在国际舆论场的被动局面，仅仅只靠官方平台的批驳、反击，可能并不会收到令人满意的工作效果。也就是说，如果只有官方账号一方下场，或许可以让一部分头脑清醒的网民认清那些基于强烈意识形态偏见的西方媒体及其为主导的国际舆论场深层次的反华、遏华本质，但要想让那些长期以来深信西方媒体偏离报道的网民改变其思想观念，却十分困难。

如何才能让越来越多的人愿意走进中国，亲近中国，相信中国，同样是摆在互联网舆论宣传工作者面前的一道必答题。在这种特殊的背景形势下，应利用好自媒体舆论人设在互联网舆论宣传中的独特传播优势，扶持一批在中国美食、武侠国风、汉服印象、传统工艺等领域带有强烈中国传统文化元素的博主，以人设好感增加其他国家民众对中国文化的好奇心，借助好奇带动求证，最终引导他们来到中国，感受中国，了解中国。

以著名自媒体美食博主李子柒为例，虽然我们都知道李子柒的背后有一个非常强大的团队，但无论怎么讲，以"田园大厨"人设形象示人的李子柒能让海量的外国粉丝共同为中国美食点赞，让这么多的外国网民对中国的传统文化产生了好感印象和关注兴趣，这本身就很具有说服力。

中国文化博大精深，除了美食，我们还有京剧、越剧、瓷器、古乐器、茶道等能够深刻展示中国特色传统文化的优质载体，而这每一个载体都可以通过互联网表现出来，也都需要一批优质的网络博主站出来，需要一批又一批具有中国韵味的互联网文宣产品来以更加立体化的方式为全世界呈现一个更加真实、客观、充满烟火气的美丽中国。具体来说，就是要想方设法让我们的网宣议题变"软"，宣传方式变"柔"，通过文化植入、柔性场景、视觉引导这样的方式潜移默化地把中华民族五千年优秀文化历史展示到我们的网宣产品当中，发挥好社会力量的技术优势和议题策划者的导向把关优势，创作出更多《中国诗词大会》《典籍里的中国》等优秀的网宣产品。

这里有一个问题，如果你所在单位要求你马上策划一个重点工作的舆论宣传方案，你会如何策划？如果你还没有好的想法，不妨先按照这些步骤试一试：①列出这次舆论宣传想要达到的目标；②将这些目标换成一些足够吸引人的"柔性"宣传文案；③邀请不同人设定位的官方账号和自媒体账号来共同宣传策划；④当舆论氛围形成后，适时通过官方评论进行定性解读，让网民深入了解这些正面氛围背后的深层次含义；⑤尝试用官方账号制作一条系统回顾全过程的宣传内容。

本节重点：

1. 传统媒体的传播是自上而下、高势位的，具有单向、俯视的特点，侧重于对信息的解读；新媒体的传播则是自下而上、低势位的，更侧重于平民视角、草根视角，更依赖于情感互动。

2. 舆论人设在舆论传播中发挥着十分重要的作用，官方账号有官方账号的人设形象，自媒体账号有自媒体账号的人设形象，两者不是竞争关系，是角色互补、观点互补的关系。

3. 西方在利用舆论人设方面的能力可能超过我们的想象，值得我们学习。

4. 舆论人设对青少年的思想影响深远而广泛。

5. 官方新媒体在开展互联网舆论宣传时，要时刻坚持正确的政治方向、舆论导向、价值取向，防止走向另一个极端。

6. 大量中国特色传统文化领域需要有一批优质的网络博主，需要一批具有中国韵味的互联网文宣产品来更加立体化地为全世界呈现一个更加真实、客观、充满烟火气的中国。

动机论假设

一、我们常常陷入"由果推因"的循环论证

参与讨论舆论话题时，我们总是会不自觉地进行"动机论"假设，即先假设 A 结论成立，然后倒推回去找寻任何可以证明 A 结论成立的偶然因素和必然因素，以形成我们想当然的"因果逻辑闭环"，并且还会非常自信地宣称：这才是事情的真相。

事实上，这不过是循环论证给我们造成的心理假象而已。比如，我们已经知道了鲁迅先生是历史名人这个事实，便会试图通过描述鲁迅先生在成长过程中的独特经历，证明鲁迅先生成为历史名人是因为具备一定的特殊经历和独有特征。虽然所描述的事实可能都是真的，但它只说明这一切曾经发生过而已，与鲁迅先生成为名人之间并无因果关联。

人们之所以容易陷入由果推因的循环论证陷阱，本质上是先入为主的心理在作祟。比如，你一开始就认定一位同事在老板面前打你的小报告，这才导致你被批评并扣发奖金，这时候你的心里已经对这位同事进

行了归因定性，以后他在你面前所有的行为举止都会被你认为是故意在"挖坑"，而事情的真相不过是因为你自己的偏见而造成的误会罢了。这个例子告诉我们：人一旦在心里种下"动机论假设"的种子，就会被它牵着鼻子走，每时每刻都承受着因为怀疑而带来的精神煎熬，并且还会因为不断进行的循环论证而陷入心理陷阱。电视剧《琅琊榜》中有句比较经典的台词："（靖王对梁王道）两个完全不同的人，几条记载，一丝脉象，全都是些无稽之谈，永远都不能被证实，却永远不能被推翻。夏江现在所做的，无非就是在临死前想在父皇的心里，埋下一颗怀疑的种子罢了。"

然而，即便你知道了现实当中的确存在循环论证的陷阱，也无法做到完全避免，这是因为这种潜在心理迎合了我们每个人的"利己"心态，很难被改变，更何况我们也根本没有必要花费那么多时间和精力，而仅仅是为了去论证自己得出的结论到底严谨不严谨。

比如，交通事故随时都有可能发生，事故发生后我们会通过分析交通事故发生过程中出现过的一些情况来总结导致交通事故发生的若干危险因素，以教育和警示驾驶员们在开车时要特别注意避开"危险因素"。但是，我们也许忽略了另一个问题：那些并没有发生交通事故的情形里，是不是一定没有造成交通事故发生的危险因素，这些危险因素出现的频率又是多少呢。其实结论显而易见，这种现象也被称为幸存者偏差。这是因为我们更愿意选择那些已经出现的、触手可及的描述作为支撑我们得出结论的直接论据，而不会对那些没有发生过的事情或情形给予应有的关注。当然，这不是说提出这些危险因素毫无价值，而意在提示一个心理学层面必须正视的现实：我们总是在知道结果之后再去反向推导事情发生的原因，并且理所当然地认为是这些原因直接导致了结果的发生。

比如在火灾引起的舆论讨论中，一些好事之人会通过反向推导的方式刻意制造出"火灾现场被害人遇难是消防队员救援不及时导致的"误导性假象。他们先抛出"消防队员应当承担主要责任"这个已经预设的结论，然后列出能证明这个结论成立的一系列所谓的"充分理由"，比如通过一些对消防队员日常训练水平进行带有数据量化特点的"客观"描述，去反向推出从接到火警到到达起火地点应该需要多长时间，而视频显示他们多用了多久，由此诱导公众得出结论：正是因为消防队员到达现场晚了几分几秒，延误了救火时机，才导致有人遇难，所以消防队员应当承担火灾事故的主要责任。

现在，我们已经明白，这种反向推论没有任何实质性价值和意义，但当这类事情再次发生时，依然会有很多人对此深信不疑，这是因为"动机论假设"的舆论参与方式会让人们平时索然无味的生活增添了不少谈资。

我自己也有一个类似的经历，同样可以说明"动机论假设"在舆论中具有广泛的市场。某一天晚上，从不关心舆论事件的妻子突然对一篇"刷屏"长文感兴趣了，迫不及待地想和我讨论。这篇长文的题目叫《马航H370终极调查版》。妻子问我对这篇文章的意见，她对文章的结论深信不疑，并且认为那就是马航H370失联事件的真相。我认真看完后发现，这篇文章就是使用了"动机论假设"的写作手法，先抛出已经预设的结论，再通过倒叙的方式将所有可以造成因果关联假象的偶发因素和必然因素加以呈现，最终形成"因果逻辑的串联"闭环，从而引导读者不知不觉地将预设的可能变成了必然的结论，由此完成了心理层面上的彻底引导。

这种因果错觉不仅仅出现在舆论事件中，在我们的生活、工作中也随处可见，随时发生。比如，前面提到的权谋电视剧《琅琊榜》至今仍稳居豆瓣高分榜，里面有几个情节设定就十分耐人寻味：夏江被打入天牢，本已无生还机会，但其通过传递纸条的方式告诉梁王，梅长苏有可能是林殊，差点就能将剧情"翻盘"。沈追对靖王说，事情的关键不在于祁王当时是不是真的反了，而是他想反的时候就随时可以反，由此在梁王心中种下了猜疑的种子，最后引来杀身之祸。

一些永远无法被证实，也永远无法被推翻的结论，往往最能引起人们的兴趣，因为在这些毫无意义的讨论中很多人觉得自己是思路清晰、思维严谨的"预言家"，并且会因此获得一些支持者的赞美，这成了他们缓解工作压力，打发枯燥生活的十分有效的精神调节剂。

有关马航H370失联的舆论讨论频繁出现，是因为马来西亚政府无法确认真正的失联原因，给了公众无限的遐想空间，劫机、外星人、神秘力量等猜测不断出现，然而实际上，绝大多数参与讨论的网民并不是真的关心马航H370到底是怎么失联的，更多的只是想表达"其实我也是一个关心他人安危的热心市民"罢了。如果能通过这样的舆论讨论赢得一些认同，对于普通网民而言就像是买彩票中了大奖，能令其开心一整天。相对而言，以营销流量、影响力谋生的意见领袖、营销账号，他们的功利心则要更强一些。对于他们而言，社会舆论的这种心理是最好的营销媒介，发表"刻意加工过"的带有强烈动机论假设的猜测文章不仅能获得流量，而且是让自己影响力陡增的难得契机。

二、我们往往只注重关联性却忽视因果性

心理学上有个专业术语叫后此谬误，直白地讲就是：决不能因为事件A发生在事件B之前，就认为是事件A导致了事件B。

虽然发生了事件A，可能真的增加了发生事件B的宏观概率，但我们终究要明白，事件A与事件B的正相关关系与我们所说的事件A导致了事件B是完全不同的，虽然这里面的确存在着很多容易误导我们的东西，但作为舆论工作者的我们对此要保持足够的清醒。大量的实证案例已经充分表明，人们更愿意在事后去表达"我就知道事情会是这样"，而不会提前去关注一些没有发生过的事情；加上人们常常会犯循环论证的错误，难免会在处置舆论危机时，因为没有注意到这些错误而给出了缺乏技巧性的应对策略而让事件陷入被动局面。

比如，一名乱摆摊的小贩因为违反城市管理规定而受到了当地执法部门的行政处罚，一段时间后他由于其他原因去世了，那么很多人在参与网上讨论时会根据小贩被处罚在前、去世在后的时间顺序，想当然地将发生在前的被处罚认定为是去世的因，把小贩去世认定是被处罚的果。于是，齐声讨伐执法部门刻意逼死小贩的舆论氛围便会很快形成，并且很容易形成一股难以化解的舆论力量。而事实上，小贩被处罚和去世之间并没有明显直接的因果关联，不过是人们受到后此谬误、循环论证这两种心理影响，错误地根据时间顺序进行了所谓的事实描述罢了。

这是一个十分棘手的现实难题。对于已经受到人设、从众这些因素影响的大多数网民而言，他们并不会理智地去思考这些问题背后的深层

次关系，也不会静下心来耐心地听他人进行客观分析。舆论引导有时候更像是一场心理博弈。因为很多时候，人们往往只相信他们愿意看到的结果，愿意相信的结论，并且对此深信不疑，而会将不愿意相信的事情当作一个偶发事件排除在他们的逻辑闭环之外。

比如，前面提到的火灾事件中，当网民已经因为当事人的悲惨遭遇而形成了较为广泛的情感共情时，舆论层面对火灾幸存者的同情氛围会不断强化，在这些背景因素的影响下，人们往往不会太过认真地去思考那些有意将舆论脏水泼给消防队员文章帖子背后的深层次动机，反而可能会对运用"动机论假设"的文章深信不疑，并将其分享和传播到社会舆论场。当然，这是一种十分正常的舆论反应，因为与"消防队员到底有没有责任"相比，很多人想表达的只不过是"我也是一个充满道德感和仁义心的好人"罢了。

与其过度执着于"摆事实、讲道理"等理论、概念知识，倒不如利用闲暇学点社会心理知识，等到我们需要处理一些较为棘手的突发舆情时，或许会变得相对从容一些。

正是因为心理因素的广泛存在，才会让人们更愿意相信那些带有明显心理引导作用的"动机论假设"。正在发生的事情并不能被客观讲述，这并不是因为"当局者迷"，而是因为在没有出现结果或还没有弄清正在发生的事情的内在机理之前，这些东西根本说不清楚。作为承担舆论工作的我们，要做的其实相当简单，就是尽可能地告诉那些仍愿意保持独立思考的网民，在遇到类似话题时，不要陷入"事件Ａ的发生是因为Ａ就是我们想要的""事件Ａ的发生是因为一些特殊的原因让它发生了"这样的循环论证陷阱。

一千个读者心中有一千个哈姆雷特，舆论领域当然也是如此。当舆论中已经有了现成解释，并且这种解释还十分吻合自己的立场、思想、价值、文化等口味时，人们便会对这种解释产生天然的信任感，进而会越发坚定自己的判断，尽管可能连他们自己都还不知道这个解释究竟是不是真的靠谱。

要破解"动机论假设"心理陷阱十分不易，就事论事虽然正确，但我们会发现它对网上舆论的影响力小得可怜。比如，一些地方的商业综合体文旅项目因为特定历史背景、特定民族情感、特定舆论语境等引发了广泛争议，虽然相关部门在接受媒体采访时给出了"这是重点商业项目""多次出现在官方文件""项目审批程序合理合法"等解释，但却没有达到迅速平息舆论风波的预想效果。究其根本，主要还是处置主体惯性地忽视了大众心理在舆论风波中的关键影响作用，没有结合特定的舆论场域进行一些心理层面的研判，以至于开出了一剂值得商榷的应对处方。也就是说，无论是国际地缘政治的微妙变化，还是国内一系列社会热点的关联影响，都会对具备相同话题标签的事件造成次生影响，这是特定舆论场域背景、特征、心态等因素而造成的特定公众观感印象，需要通过一些针对性舆论观感方面的调适加以正确引导，否则就容易演变成一场难以化解的舆论危机。因为商业综合体文旅项目的建设让人们产生了崇日、媚日这样的焦虑、忧虑及压抑观感，这时候除了就事论事地呈现全面事实外，还要懂得在处置中运用一些潜移默化的心理引导技巧，比如避免使用风情这样的"仰视"观感语气词，增加商业街区中中国文化的呈现比例等观感调适信息，以在舆论观感层面形成一种对称作用。

　　另外，"动机论假设"利用了大众心理中"喜好传播""偏好推论"的特点，将原本一些只有在进行时间推演时才被联系在一起的事件，描述成了带有直接因果关联的"结果—原因推论分析"。现实社会中，人们都会因为自己的政治立场、经济水平、文化层次、社会地位、民族习惯等，对自己喜好的推论深信不疑，由此产生了一种较为普遍的"因果错觉"。

　　所以，无论是谁，都要时刻提醒自己，我们还对过去事物的发生存在解释的局限性。这有助于更加准确地阐明我们未来能做出哪些靠谱的预测，因为只有对未来即将发生的情况做出一些靠谱的预测和评估，才有助于自己在突发舆情中把握处置的主动权。

本节重点：

1. 动机论假设是指我们总是在知道结果后才去反向推导事情发生的原因，即先假设 A 结论成立，然后倒推回去找寻任何可以证明 A 结论成立的偶然因素和必然因素，以形成理所当然的"因果逻辑串联"。

2. 事件 A 发生在前，事件 B 发生在后，人们大概率会把事件 A 认定为因，把事件 B 认定为果。

3. 一些永远无法被证实，也永远无法被推翻的结论，往往最能引起人们的兴趣。

类"多米诺"现象

一、生活中常常出现"多米诺"式的舆论传播

在一个相互联系的系统中，一个很小的初始能量就可能引发一系列的连锁反应，人们通常把这种现象称为"多米诺骨牌效应"或"多米诺效应"。

通过舆论方式传播消息时也会出现类"多米诺效应"的传播现象。比如，一个能容纳500人的大剧院里坐满了人，大家正在津津有味地看话剧演出。这时候，如果有个人突然跑过来十分严肃地跟你说："你好，朋友，我刚刚发现外面好像着火了。"刚开始，你可能会一脸惊讶、半信半疑地反问："朋友，这是真的吗？不可能吧！"但如果这个人继续说"真的！真的！不信你可以出去看一看"，同时还表现得十分焦虑，你很可能就会受到影响。迫切的自救心理会让你变得焦急起来，并倾向相信这个人说的话，即便你还没有亲自去核实过外面到底是不是真的发生了火灾。接下来，你会以几乎相同的方式将着火的消息告诉你身边的另一

个人，而当他也像你之前一样反问"真的假的"的时候，你大概率会像那个人一样理直气壮地告诉他"真的！真的！"……而且为了显示你并没有对他说谎，你也许还会把着火的程度说得更加严重一些。这样一来，着火的消息越传到后面，就会越夸张，越离谱。这就是舆论中的类"多米诺"传播现象。

美国心理学家戴维·迈尔斯（David Myers）在他的著作《社会心理学》中曾提出自我服务偏见理论，并且给出了相应的解释：当我们加工和自我有关的信息时，会出现一种潜在的偏见；当我们想要将符合自己口味，并且认为比较重要的信息传递给身边人的时候，就会不自觉地进行"夸大"处理，以让对方完全相信自己所言非虚；经过一个接一个这样的"夸大"处理，信息的"夸大"程度就会像滚雪球一样越滚越大。

通俗地讲，就是经历环节越多、经手时间越久的消息，失真度就会越高，这也就是为什么坊间传闻、小道消息总会越传越玄、越传越邪门儿的深层次原因。不要对此嗤之以鼻，因为这是舆论传播中十分常见的现象。人们总是会根据自己的喜好、理解、习惯，对那些以他们为传播媒介的信息进行不停地筛选、定义，以让这些信息在经过他们之手传递给下一个人时更能让其深信不疑，进而增加这些信息继续传播下去的舆论动力。

这里面，最需要引起关注的是，当我们把信息传递给下一位受众时，如果遇到"真的吗？""不可能吧！"这样的质疑语气时，就会想当然地通过渲染信息严重程度的方式来让对方相信自己"所言非虚"，即便我们还没有确认消息是否属实，也依然会抛出"这是我亲眼所见，还能有假""这是真的，我现场已经确认过"这样的主观断言。事实上，大多数人很可能只是想证明自己是可以被信任的人而已。

二、类"多米诺"的舆论传播容易失真

说到底，舆论其实是一个集信息沉淀、信息甄别、信息加工、信息定义于一体的复杂生态系统，信息总是会被人们一遍又一遍地过滤，一次又一次地加工，产生一个又一个版本，就像前面说到的"大剧院外面着火了"的消息，很可能在经过若干人传播后，就变成了"大剧院外已经有多少人葬身火海了"。

现实生活中，这种情况经常发生。以各种版本、各种模样出现在信息圈里的传闻，有时候可能连发布者自己最后都搞不清楚到底哪个版本才是真的。更为重要的是，人们总是会被充满悬疑意味的传闻深深吸引，因为带有强烈悬疑色彩的信息往往能最大限度地激发人们的想象，可以为他们略显枯燥、沉闷的生活添加直接而有效的"趣味调味剂"，为其带来话题谈资，帮助他们最终成功消磨掉无聊的时光。然而矛盾的是，人们同时又非常害怕被这些不确定的信息戏耍，因为他们很清楚，一旦判断错误，不仅会给自己的名誉造成不小的负面影响，甚至还有可能要承担相应的法律责任，这种复杂的心情始终贯穿在他们的脑海中，这也是为什么很多人在发现自己不小心转发了谣言信息后，只会默默删除已经转发的不实信息，对自己为什么会转发则闭口不谈，也不会同步转发辟谣信息来以正视听。对于他们来讲，让这个事情早点过去可以最大限度降低对自己的影响。

需要指出的是，舆论信源的类"多米诺"传播现象导致的传播失真

是一个非常危险的舆论风险信号，因为接下来你可能要面对因信源失真而出现的猜疑、联想、夸大等一系列衍生问题，而后续人们基于失真信源做出的种种偏离判断也意味着因类"多米诺"传播而形成的负面旋涡舆情会很棘手。比如某个地方发生了交通事故，引起舆论广泛关注的同时，难免会引发"到底是怎么回事""究竟是什么原因"这类充满猜想的公共话题。而当人们无法及时从权威途径获取真实信源时，就容易在迫切需要了解真实情况的心理作用的驱使下，以臆测的方式讨论、传播，并且口口相传，越传越神，越传越玄。这就是舆论热点形成、演变过程中因为权威信源发布滞后而出现的类"多米诺"传播现象。这里面既有线下调查需要时间的客观难点问题，也有涉事主体消极应对的主观态度问题，确实是摆在舆论工作者面前的一道现实处置难题。

三、常识可以帮助我们厘清很多东西

常识，是应对舆论出现负面类"多米诺"传播风险的最好刹车片之一。因为以实践为基础的常识逻辑体系会时刻提醒我们在接受"外面着火"这个信息的同时，认真考量旁边传来的"某人葬身火海"的信息描述是不是符合我们的常识。前些年，有人给我发来几段声称是"针筒注胶皮皮虾"的短视频，据说这些视频已经在他们当地朋友圈广为流传，甚至出现了一些"拒买皮皮虾""控诉监管失职"的言论。然而这类短视频对于我这样从小在海边长大的网民没有任何煽动力，这不是因为从小在海边城市长大的我要比他人具有更高的信息甄别力，而是因为长期吃海鲜的我对海鲜有更多的生活性常识。那些短视频中声称是"被针筒注

上去的红胶"，其实是皮皮虾的膏，常吃海鲜的人去菜市场买皮皮虾反而要挑这种所谓的"被注上红胶"的皮皮虾。也就是说，一些恶意博关注的碰瓷伎俩，在那些已经具备相应生活常识的人的面前，会显得不堪一击，但如果放到其他不具备相应常识的人组成的社群里，结果可想而知。

常识会告诉我们很多东西，任何严重违反常识的事件背后都可能藏着某些不为人知的潜在动机，例如"皮皮虾注胶"事件大概率是一起刻意利用公众对食品安全已经形成的恐慌心理而策划的舆论炒作事件。再比如，前些年"塑料紫菜"的谣言在网上广为流传，视频中有人大声控诉紫菜都是"塑料做的"，用火烧还会发出一股异味，同时还表示那些紫菜嚼不烂，当事人劝诫网友千万别吃，这一度令整个紫菜行业蒙受巨大损失。然而，常识会告诉我们：紫菜能点燃是因为含有一种特殊的藻类，用塑料做紫菜的成本甚至要高于紫菜生产，没有哪位商人愿意花更多的钱去做一件随时可能会把自己送进监狱的事。当然，常识也可以帮助我们对发布"塑料紫菜"谣言视频的始作俑者进行一些动机推测和分析，进而明白这很可能是为了要挟当地企业，进行钱财敲诈，或是为了博取眼球提升自己影响力等。

总之，由事实、观察、经历、见解，以及每天解决问题和学习过程中积累的智慧组成的常识，可以有效地帮助我们进一步梳理和分析舆论事件演进过程中的许多疑点，可使我们避免掉入他人预设的舆论陷阱中。

比如，近年来发帖控诉在酒店遭遇陌生人骚扰、拖拽的遇袭事件经常成为热门话题，当人们开始加入讨论队伍，为其助力声援的时候，舆论工作专业人士不妨借助长期舆论工作经历积累的专业性常识，判断一下事件的发酵速度、舆论声量、演变动向是否符合舆论的内在规律。如果我们发现事件在舆论发酵的过程中的确有一些"不合常理"，那么我们就需要保持警觉，"让子弹飞一会"再下判断。比如，一个正常的活跃的微博账号的帖文阅读量与转发量之比大致为150～300∶1，如果理论阅读量与实际阅读量之间存在明显落差，那么这个账号发布的帖文背后是否存在人为操作，就需要引起我们的注意。再比如，参与转发扩散的账号的认证信息高度集中于"网络写手""视频编辑"这些极为少数的领域，并且发布内容的口径高度一致、发帖时间十分相近，那么舆情背后是否存在人为操作的情况也同样值得怀疑。

总而言之，平时积累越多的社会常识、科普常识、舆论常识，当面对突发舆论危机而你又没有充分的时间去考证时，你的应对也会游刃有余。

四、常识和直觉不能混为一谈

很多人可能会将常识和直觉混为一谈，把毫无根据的、抽象的直觉当作自己多年工作经验的常识，这其实是错误的。直觉，更像是抽象的感性认知，会受到偏好、兴趣、心理等方面的影响，存在着很大的不确定性，很容易出现差错；而常识是具象化的理性认知，源于相对完备的实证逻辑体系，具有相对的客观稳定性。这完全是两码事，要特别注意。

直觉会增加我们犯错的概率，而常识则刚好相反。例如，一公斤的铁球和一公斤的棉花，哪个重？常识会告诉你一样重，但直觉则会告诉你铁球更重一些，这就是两者的区别。虽然在我们的经验世界里，直觉会更让人感觉亲近，特别是当依靠直觉"中奖"时，我们会有强烈的愉悦感，这是因为难以捉摸的直觉给我们的心理带来了更多的满足。

常识可以帮助我们快速筛选信息，但如果过分依赖常识也会干扰我们的判断。比如，按照常识，犯下杀人恶行的罪犯往往有十分凶残的个性，常常会给人以凶神恶煞、满脸横肉的印象，然而现实中的杀人犯却并不都具备我们认为的那个样貌特征，有可能是个充满温情的慈父，又或是一个弱不禁风的书生。

造成这种偏差的根源在于常识是人以亲身经历为基础而形成的具有略显感性推理特征的逻辑判断。它并不追求严密的推理论证过程，而仅仅给出一个可供参考的答案。比如通过教师、长辈、朋友、同学的不断口述，加上一些书籍、媒体报道上的画像描述，我们逐步对"凶恶的外表""残忍的手段"这些感性特征形成了刻板印象，在我们的脑海中形成了一种预警性常识。这种常识的好处在于能够快速地让人做出条件反射，提前预警，这样可以避免很多突发情况。但坏处也很明显，难以对那些弱不禁风、楚楚可怜的不符合刻板印象的人产生必要的常识预警，甚至还有可能因为这些人的形象完全背离了我们的常识，我们反而放松了警惕，更容易掉入他们设置的陷阱。

也就是说，当我们试图解释他人行为时，总是会不自觉地把注意力放在自己常识印象范围里。事实上，我们不可能预见与既定情况相关的所有因素，无论我们多么设身处地地考虑，也无法兼顾所有细节、所有环节。

人们对某个事物、某个人群形成的一种固定的看法，并把这种看法按照现有的思维认知进行推广，并且认为这个事物、这个人群普遍具有这种特征，却忽视了事物、人群内部之间的个体差异。比如，有实验将同一个人的照片分别给两组人看，对甲组说"这个人是罪犯"，对乙组说"这个人是大学教授"。然后，请两组人分别对这个人的照片特征进行评价。结果大相径庭：甲组人员普遍认为，这个人眼睛深陷，表明他凶狠、狡猾，给出了一致的负面评价；乙组人员则普遍认为，这个人眼睛深陷，表明他有深邃的思想，给出了一致的正面评价。同样一个人、同样的面部特征，却因为不同的身份而获得了完全不同的评价，这就是刻板印象的体现。

不得不说，现实中的舆情案例，恰恰是一些好事者利用了人们囿于刻板印象、滥用常识判断，随意运用直觉评价的心理，故意用"很老实""为人很好"这些好感词语来描述恶性案件的犯罪者，误导人们针对罪犯产生错误判断，并促成了舆论层面呈现出类"多米诺"式的传播感染。当然，这为好事者赚足了眼球和流量。人们因为常识造成的错觉，加上受到一些好事之人刻意渲染的影响，往往会不自觉地加入"试图为罪犯鸣冤鸣不平"的类"多米诺"式舆论现象的传播讨论中。当这样的情况发生时，我们面对的可能不仅仅是这些不负责任的言论本身，还要面对那些已经被其带偏带歪的普通网民，如何才能有效纠偏是一道棘手难题。因为我们要在全面客观呈现事件全貌的同时，还要帮助人们明白一个道理：常识可以言之有理，但不一定能揭示事件的真正原因，我们自以为理所当然的因果关联，很可能只是被一个看似合理的故事掩盖了而已。

既要依靠常识，又不能过分依赖常识，听起来似乎很矛盾，这是因为对于我们而言，这里面的"度"实在难以精准把握。对此，我们不妨换一个思路，换一种心境去处置和应对。尝试把常识作为甄别信息的初筛手段，因为足够的常识完全可以帮助我们在想当然的"随手转"之前，及时而有效地进行自我追问：这个突然出现的信息是否与自己的相关常识存在出入。在确认没有出入后，再去考虑内部深层次的求解过程是否符合以正确知识体系为基础而构建起来的事物逻辑。

另外，要时刻牢记知识就是力量。足够的知识储备也是及时防止舆论出现类"多米诺"传播效应的有效举措之一，特别是在医疗、法律这些需要足够专业知识的领域。现实生活中，我们可能会经常遇到这样那样的突发情况，不法分子利用一些人在某些专业领域里知识储备不足的信息盲点及其在心理上对某种现象、某种情况已经形成的严重偏见，传播一些带有病毒传染特性的信息，来干扰和阻挠正常的舆论传播秩序。我们能做的就是，当我们再次看到有网民拿着"棉花肉松""艾滋病香蕉"，搬弄是非传播谣言时，就可以旗帜鲜明地拿起知识武器进行正面科普，以避免他人因为恐慌而相信类"多米诺"式传播的情况，共同为捍卫正常的舆论传播秩序尽一份责任。

本节重点：

1. 一个很小的初始能量就可能催生一系列连锁反应，人们把这种现象称为"多米诺骨牌效应"或"多米诺效应"，通过舆论方式传播消息时也会出现类似现象。

2. 人们总是会根据自己的喜好、理解、习惯，对那些以自己为传播媒介的信息进行不停地重新筛选、定义，以让这些信息在传递给下一个人时会更能让其深信不疑。

3. 常识，是应对舆论出现负面"多米诺"传播风险的最好刹车片之一。

4. 直觉更像是抽象的感性认知，会受到偏好、兴趣、心理等方面的影响，存在很大的不确定性，很容易出现差错；常识则是具象化的理性认知。

5. 足够的知识储备是帮助人们及时防止舆论出现"多米诺"效应的举措之一。

6. 常识是甄别信息的初筛手段，足够的常识完全可以帮助我们在想当然的"随手转"之前，进行及时而有效的自我追问：这个突然在网上出现的事件信息是否有违相关常识。

对错陷阱

一、对错不是矛盾关系,而是反对关系

在逻辑学上,对错是反对关系,而非矛盾关系,这是理解互联网舆论深层次逻辑体系的基本前提。反对关系是话题或争论产生的必要条件,就像辩论赛中的正方与反方,虽然言辞激烈,但并非不可调和,更像是在纠结"到底谁主谁辅"。矛盾关系则事关双方"生死",往往不可调和,反而不太会在舆论层面引起过于激烈的争论,这是因为我们的政治、法律、道德、伦理等各方面要求已经给出了十分明显的评价标准。这也在间接地告诉我们:我们所遇到的大多数舆论议题都不是简单的非黑即白、非此即彼的矛盾关系,而是哪些应该为主,哪些应该为辅的观点争执。

很多人应该都有过这样的上网经历,在微博、微信等舆论平台上评论一件事情,只要你说"我不同意你的观点",很可能会被对方以"给我滚""愚蠢"这种戾气十足的语言加以攻击,甚至还会演变成一场毫无意

义的口水骂战，这种情形似乎已经成为当前互联网舆论场上的一种常见现象。

这是因为以微博、微信为代表的社交舆论场里存在着很强的非黑即白、非对即错的排异性思维逻辑。这样的语境下，人们往往会陷入"异己即对抗"的惯性语境，简单地给那些不同意自己观点的人群贴上"异己""异类"的敌视标签，进而以充满戾气的语言进行回击，有的甚至进行人身攻击。

二、对错陷阱的根源是排异思维

排异思维在社会学层面也被称为零和博弈，即零和游戏，与非零和博弈相对，是博弈论的一个概念，属非合作博弈。它是指参与博弈的各方，在严格竞争下，一方的收益必然意味着另一方的损失，博弈各方的收益和损失相加总和永远为"零"，故双方不存在合作的可能。例如，美国一直高喊"美国优先""让美国再次伟大"这种带有强烈排异性的口号，主张其他国家都要为美国的利益和发展让路，通过其国内法条任意地进行长臂管辖，制裁和掠夺其他国家的市场和资源，甚至包括那些充当其急先锋的同盟国家。例如，2013年4月14日，法国阿尔斯通集团锅炉部全球负责人弗雷德里克·皮耶鲁齐刚下飞机就被美国联邦调查局逮捕，之后美国司法部以莫须有的罪名指控皮耶鲁齐涉嫌商业贿赂，对阿尔斯通处以7.72亿美元罚款，而这一切仅仅是因为阿尔斯通的电力业务威胁到了美国电力行业。2018年9月皮耶鲁齐走出监狱，恢复自由，他将深入美国人骨髓里的排异性思维逻辑写进了《美国陷阱》一书里。当然，我们要讲的并不是国际时政话题，而只是想借此表达一个观点：在逻辑关系上，对与错并不是矛盾关系，而是反对关系，对的矛盾面应该是"不对"，而"不对"不等同于"错"。如果你能够真正明白这里面的差异点，那么对于你掌握舆情处置技巧会有相当大的帮助。

要进一步厘清这里面的区别和关系，事实上并不需要太多复杂的逻辑论证，只要一个十分简单的生活事例。比如，生活中同事、同学、朋友之间常常会因为一些琐事而产生争执，绝大多数情况下并不存在绝对意义上的"谁对谁错"，而只是大家身处于不同的立场，再加上学习经历、生活阅历、成长环境等方方面面的不同背景，导致了大家对事情的理解、观点的见解出现了一些分歧，最终导致形成了争吵的发生，而事实上谁也不敢保证自己说的就是对的，别人的就是错的。

三、大多数情况下，没有绝对的对错

互联网舆论中确实有很多这样的"伪命题"，明明没有绝对的对错标准，人们却硬是要在其中分出个"谁对谁错""谁黑谁白"。你在用你的标准评价这个事情，而他则是基于他的看法给出他认为正确的观点。既然大家的标准不一样，怎么可能形成一致的观点。比如，我出生于南方城市宁波，在参与一个舆论话题讨论时，我自然会基于我在宁波的成长环境、社会认知、家庭关系等方面的常识，做出我认为客观公允的判断；而你则可能长期在北方城市生活、工作、打拼，在表达同一个舆论话题观点时，也会基于你的成长经历、文化认知、社会阅历等方面的常识，做出你认为客观公允的判断。两人各自都认为自己做出了客观公允的判断，事实上也会在某些时候存在意见相左的情况，这不是因为我们任何一方得出了错误的判断，而是因为我们身处的环境不同、认知不同，自然而然地造成了这个局面。

这正是需要我们尽可能避免的舆情风险之一，否则只会让舆论讨论陷入"越讨论越争吵，越争吵越难以引导"的尴尬境地，直到无法收场，这是因为群体的情绪总是越对抗，越单向，越极化。比如，当群体排异情绪被点燃时，往往会因为冲动、暴躁、易怒等一些诱因而变得具有明显的攻击性，这时候如果再有人对你说"你说的对，明明错的是他，还死不悔改"这类刻意强化"对错"的观点时，你会越发觉得自己的立场无比正确，自己的观点不容挑战，自己的行为代表正义，而最终可能只是陷入了无休止的骂战当中而已。

我曾专门总结过多例企事业单位为涉事主体的舆情事件，它们不断地强调"自己是对的，网民是错的"，而这个被刻意强化的"对错"语境触及了网民的敏感神经，引起了他们普遍性的情绪逆反，形成了针对话题展开激烈争论的基础，陷入了"对错"二元论无休无止的思维死结。网民因为涉事的企事业单位拒不接受群众的批评意见而变得更加反感；涉事的企事业单位则因为担心承认人们指出的错误会有损自己的社会颜面和舆论形象而选择咬牙死扛，坚持认为这是有人在故意挑刺和刻意误读。

从群体心理层面进行解读，造成这种局面通常是人们在表达情感时不经意地表现出的简单化、极端化的特点会通过断言、暗示、感染等心理反馈机制加以迅速传播，导致被正面支持一方的力量无限放大，而当这种被舆论认可、大众点赞的精神动员不断刺激人们的身体和心理，产生类似愉悦"荷尔蒙"时，对异己观点的对抗对峙倾向便会随之得到强化，由此产生"我才是对的""我才是真理"等带有强烈排异性思维的心理假象，而一旦有人对此发表怀疑观点，他们就会变得暴躁异常，容易愤怒，充满戾气，全然不顾事实上只是因为大家都在以各自的标准去评价这个事情。

不幸的是，即便事后我们能够深刻反思这种情况的深层次原因，也依然避免不了这种情况在舆论中经常出现，有的甚至还沦为一场场毫无意义的对错辩论赛。

四、对错陷阱的根源是标准分歧、语境分歧、角色分歧

人们总是喜欢按照自己的喜好、自己的标准去解读他人的观点，有时候过于执着的"自我主义"会令人变得特别排异，非常专制，而且不容易被说服。古斯塔夫·勒庞在《乌合之众》中也有过类似观点：群体总是不能容忍异见者，喜欢强制服从，在公共集会上，如果演说持任何异议，立刻就会招来怒吼和谩骂，如果他继续坚持己见，很快就会被赶出去。虽然《乌合之众》有其时代的局限性，有些结论难免会有些夸张，但群体对不同意见的情绪描述还是能够说明一些问题。比如，关于"中医和西医"的话题，网友一直争论不休，有的甚至已经演变成了无休无止的口水战，令人唏嘘。事实上，这就是典型的因为标准不一、前提不同而引发的无谓争论。我们知道，西医的形成和发展是基于细胞生物、生物化学、病理生理等一整套完备的基础理论，具有相对严谨的实证思维逻辑。也就是说，在西医的诊疗思维里，更为注重对因的治疗，

主张应当尽可能地祛除体内的致病因子，诸如用化疗放疗杀死癌细胞、用药物杀死致病菌等，西医的优势很明显，起效快、疗效明显，但同时也存在对身体关联脏器的潜在损害，以肝毒性和肾毒性为主要代表。而中医则践行"机能平衡"理论，更为注重对症的治疗，主张通过调节机体表现出来的临床症状促进机体内部形成"平衡免疫"，让体内的致病因子与免疫因子达到平衡。这是两种完全不同的医学理论，如果用西医的理论体系去理解中医，或者用中医的诊疗逻辑去论证西医，都会不自觉地进入"对错"误区，引起根本没有必要的话题争论。

当然，我们也需要在这样的案例中得到一些启示：在互联网舆论大背景下，舆商思维正在用它独特的方式向我们展示它作为一种新兴社会能力价值的重要性。在互联网舆论场里讨论一个话题，很多人往往不会专注于一个背景、一个语境、一个前提，来自方方面面因素的影响和作用会让那些原本只是表达专业领域观点的讨论变成为夹杂入政治、法律、社会、舆论等因素的复杂话题。对于专业人士而言，在公众场合就擅长的专业领域发表单一专业判断时，要懂得认真评估其被公众误读、刻意错读、有意歪读等潜在舆论风险，这也是一个人舆商能力和水平的重要体现。

事实上，因为对错而引起的舆论争论每时每刻都在发生，比如，很多部门和单位都会在回复通稿中刻意强调自己没有责任，自己没有过错，把引发负面舆情的原因归结于"有不怀好意的人在从中作祟""有居心叵测的人在造谣生事""有居心不良的人在恶意抹黑"，最终自己把自己推到了舆论的对立面。

现实案例中，这样的情况经常发生。比如一些评论文章使用了很多

"我没有过错""是你自己的问题"等俯视感十足的语言，让读者在阅读过程中感受到十分不适的心理压迫感，从而滋生出反感情绪，通过舆论互动方式来表达不满，由此引发了一系列舆论层面的"次生话题灾害"。

对此，我曾给出过三个针对性的处置建议。一是要转变俯视姿态。总结这些评论文章可以发现，这些文章的作者太习惯于贬低矮化他人来体现"众人皆醉我独醒"，通过"指名道姓""说三道四""网上批斗"这些带有强烈俯视批判视角的情绪化语言来集中体现文章阐述观点的政治正确性和动机正义性，这无疑会给读者造成强烈的道德压迫感、情绪压制感。互联网舆论是自下而上的传播，注重草根视角，侧重情感交流，人们最反感这类劈头盖脸的说教式批判，文章越俯视，结局就会越被动。在人们眼里，无论是官媒还是商网，在不涉及根本原则的问题上，都只是一家之言，谁也不能保证"自己就是正确""我方就是正义"。二是要变"说教"为对话。同样一句话，说得好，能把人说笑；说得不好，也能把人说跳。如果转换到互联网舆论语境，就是我们要尽可能地使用心平气和、充满善意的沟通语言和对话语言，通过温婉地讲理，温和地说理，恰如其分地提供给人们一个可能被忽略的事件信息和被忽视的看问题角度。三是要俯身融入网络舆论。在当前互联网舆论大背景下，要让公众愿意听，听了愿意信，是一件非常不容易的事情，这不仅需要我们具备充分的专业知识和较高的思想境界，还要求我们要深刻地融入互联网舆论，先要系统梳理事件为何被引爆，如何发酵这些舆论背景，在进行充分的舆情状况分析，舆研风险评估之后，再去选择合适的切入视角和讨论基调。

在实际处置过程中，"因怒而怼""为怼而怼"不仅不会平息舆论风波，还有可能反向激化矛盾，最终会将事件拖入无尽的争论漩涡而折损自身公信力。比如，前些年，一些旅游城市因为宰客问题被推上了舆论的风口浪尖，引起了人们对于旅游城市景区管理、游客维权等一系列问题的广泛讨论，其中不乏一些较为尖锐的质疑和批评，这是十分正常的舆论现象。在处置这类舆情事件时，我们一定要明白，舆论出现的这些较为尖锐的质疑，甚至抨击，根源还是在于人们对当前旅游景区管理的心理焦虑，并非真的攻击当地。这种情况下，即便的确是有一些人在"碰瓷"，在炒作，在消费旅游城市的整体形象，也一定不能用刻意强化对错的方式公开怒怼，更不能用"键盘侠""喷子""泼脏水"等打击性语言搞"面上"的贬义定性，这是舆论危机处置中的昏招、败招。

对此，我们完全可以通过及时释放"会进一步加强价格规范""已开通线下投诉渠道""请广大游客放心"这些能够精准针对人们潜在焦虑心态的态度，同时配以一些语言中性、情绪温和、释放善意的评论文章，从社会心态层面引导化解舆论风波。

这种情况有点类似心理学上的"超限效应"，当一个人反复强调自己是对的，自己不存在主观过错的频率、次数、程度超过了人们合理承受的阈值时，就会引起人们的心理免疫，甚至是心理逆反，非但听不进去，还会通过各种方式和他对着干，这容易让原本并不难化解的舆论风波一步步打成"死结"。

因此，在情绪舆论占据较高比重的网络舆论场，懂得温和的对话沟通，避免毫无意义的对错争辩非常重要而且关键。否则效果很可能适得其反。具体来讲，在处置具体舆情事件时，一些没有任何价值的无休止对错争论应及时避免，而我们在实际操作时，要时刻自我提醒，注意不要陷入潜在的议题陷阱。

————————

本节重点：

1. 社交舆论场里存在着很强的非黑即白、非对即错的排异性思维，这是一种潜在的舆论议题陷阱。

2. 在逻辑关系上，对与错并非矛盾关系，而是反对关系，对的矛盾面是"不对"，"不对"不等同于"错"。

3. 实际舆情处置过程中，我们需要避免"因怒而怼""为怼而怼"的舆情处置大忌。

偏好选择

一、选项可以被设计

"同意的请举手"和"不同意的请举手"这两个默认选项之间存在的区别，如果不是专门指出来，恐怕并不会引起我们的足够注意，这很可能是因为在绝大多数人看来，与其思来想去，徒增烦恼，倒不如随大流来得省力省事。前些年，心理学家曾做过一项研究：欧洲不同的两个国家的公民对于同意捐献器官的概率呈现出明显两极分化的特点，要么高达90%以上，要么不到10%，几乎没有中间值。

如何解释这个巨大的差异呢？人们试图用"文明程度差距""集体意识差异""教育素养高低"这些看起来高大上的理由去解释造成这两个国家之间民众对于器官捐献意愿差距为何如此之大，然而真正的原因并不神秘和复杂：给那些同意捐献器官概率高达90%以上的国家民众设计的实验默认选项是成为器官捐献者，而给那些同意捐献器官概率不到10%的国家民众设计的实验默认选项是不成为器官捐献者。

　　这个研究呈现了一个十分有意思的现象：在绝大多数人的眼里，无论摆在面前的选项多么地吸引人，他们最后可能都会选择"默认选项"，只有极小一部分人能够主动地做出一些选择。舆论当中也是如此，大多数网民更像是永远保持沉默的"默认选项"钟情者，无论话题如何吸引人，无论辩论怎样激烈，对于大众而言，他们最后的选择很可能都是服从默认选项，也就是保持一定距离的围观和保持适当程度的参与，这是因为在他们眼里过度参与激烈的舆论事件只会给自己带来随时被聚焦的潜在风险。于是，与其多说话给自己带来麻烦，倒不如保持沉默，随波逐流，静静围观来得更为保险和靠谱。

　　这给很多舆论议题的策划者创设针对性语境设置默认选项提供了机会，他们在抛出话题前就设计好了潜在的选项，以尽可能地能让后续讨论往更有利于自己的方向发展，进而借助从众、类"多米诺传播"等一系列的传播特征，完成最终的舆论氛围引导。比如，因为担心会有不同意的声音出现，所以设计者会将默认选项设置为"不同意的请举手"；反之，则会将默认选项设置为"同意的请举手"，这其实就是一种借助社会心理特征达到预期目标的十分常见的设计方式。

　　当然，这并不代表只要使用这种手段就一定会达到目的。我们得清楚，如果在默认选项已经设置为"不同意的请举手"的情况下，仍有很多人表示反对，这说明这件事情本身也许就不得人心。

　　浏览媒体的新闻报道，订阅公众号的评论文章，观看视频网站的直播推荐，以及参与热门话题的公开讨论，我们都能看到或听到很多关于"我们选择这个而不选择那个"的五花八门的理由，这些信息不断地轰炸着我们。也许你经常会谴责这些理由不接地气，这些观点太过俗套，这些推荐过于直接，但你要明白，所有人都有自己所信奉的信条理论，并会奉之为处世圭臬。无论是对于政治、经济、教育、医疗、股市、环境这些国家大事，还是对旅游、美食、摄影等与生活息息相关的兴趣爱好，都说明一个问题：人们为什么要做出选择及其受到外在条件的影响，或者因为客观形势改变如何调整选择。

经济学领域曾出现过一个重要的假设：理性人假设，但人们从来都不是纯理性的，大量的情感因素时刻影响着他们认知世界的结果。也就是说，很多时候，人们看到的世界，其实只是自己内心世界的一个投影而已。

二、很多选择其实是偏好选择

选择无处不在，它与我们生活、工作的方方面面息息相关，所以深度了解如何做出选择的心理机制就显得至关重要，这一定程度上决定了你今后会往哪个方向走。也就是说，当你真正理解了默认选项的设计原理，你可能会在以后处置舆论危机时变得更加游刃有余。

从来就没有绝对意义上的理性选择，我们常说的"理性选择"并不一定真的"理性"，而更像是一定思维意识框架下的选择偏好。社会学中有一个定义叫理性选择理论，它包括：个人是自身最大利益的追求者，在特定情境中有不同的行为策略可供选择，人在理智上相信不同的选择会导致不同的结果，人在主观上对不同的选择结果有不同的偏好。理性选择中的"理性"是指能够分析、比较各种选择的利益和效用，对于较高的效用与利益显出偏好，并将其作为行为的依据，这种"理性"选择也被称为工具理性。

这个理论也许会颠覆你对理性、客观、中立的传统认知，但这可能就是现实。我们曾嗤之以鼻的"位置决定脑子"可能真的有一定道理。比如，我有过五年的医学生经历，感受到了一名医学生一步步成长为医生的艰辛和不易，这会让我在看待医患双方互相指责，甚至互相攻击伤害的舆论话题时，表现出非常明显的偏向医护一方的倾向，即便我也是在全面评估线下事实、专业知识、当时语境等足够信源的基础上得出我认为的"理性判断""理性选择"，但我依然会受到这些喜好偏好因素的影响。具体地讲，我会尽我所能地帮助医护一方去解释在整个事件中他们做出的一系列可能存在争议的举动是客观形势下的无奈之举，社会应当给予尽量的理解和宽容。这其实就是一种选择偏好，也是综合比较各种选择的利益和效用之后，对自己更愿意接受结果的选择。

美国心理学家A. S.洛钦斯（A. S. Lochins）曾提出一个著名的心理学理论——首因效应，可以十分形象地诠释这种选择偏好的起因。也就是说，我们无一例外地都会因为政治立场、思想倾向、社会阅历、文化层次、职业身份等而对某些结果表现出偏好，并且还会尽可能地用一些方法来成功说服自己接受选择的结果，让一切显得理所当然。这就是为什么我们在处置不同领域的舆情时，要多听听周边人、圈外人的想法和观点的原因。

现实中已经有一些舆论议题的设计者抓住了人们选择时的思维定式，事先对议题进行了设计。比如，在一些社会事件中，有人抓住家庭伦理、社会伦理、公序良俗这些能够轻松引起人们选择偏好的话题，进行一些针对性的设计，轻而易举就能占据道德高地，让大众近乎一致地站在自己这边。这是因为对普通人来说通常"看上去能够迎合自己立场的观点"要胜过于"虽然正确，但与自己立场显得格格不入的观点"。

三、位置决定脑子有一定道理

不过，人的选择偏好并非一直不变，也会随着时间的推移、职业的变更、身份的转变而发生悄然变化。比如，医学生的经历会让你对医生这一职业充满选择偏好，但如果当你毕业之后变成了医药代表，并且又恰巧看到了医疗行业中的灰色内幕，这时候所有基于最初职业认同、道德共情而积累起来的选择偏好就会荡然无存，还有可能让你走到激烈抨击的反对阵营当中，这是因为你对这个职业、这个群体的道德认知遭到了根本性颠覆。也就是说，选择偏好这种东西虽然广泛存在而且不可避免，但也会表现出很强的不确定性。人们所说的"爱之深，恨之切"，大抵如此。

现实生活中，我们每一个人都会自诩足够理性，以尽可能地让其他人觉得自己可以被信任，可以被依赖，这是大众普遍的心理。也就是说，人们针对某个事件发表看法前，都会先进行自我验证式的逻辑论证，以证明自己提出的观点是理性的，进而在已经形成认知定式的理性判定框架内，根据自身偏好进行最后的抉择。

偏好选择的内生规律也被称为"模拟理解"，即当我们做出选择决定前，会预先在自己的脑海里进行前置判断，例如，是不是对自己最有利，是不是最有性价比，会不会给自己带来麻烦，而不会去顾及背景、特征这些深层次的东西，然而这些因素很可能非常关键，比如默认选项，它会在潜意识里影响着我们的行为，但它基本不会出现在我们的"模拟理解"中。

概括起来其实就是：在网上表达舆论观点时，人们会先确定自己认为理性的大体方向，然后再根据自己的选择偏好，得出既不违背自己对理性自定义的总体认知，又能顺应自己对于结果的选择偏好标准，并理所当然地认为其是舆论中最令人信服的声音，至少他们自己这么认为。

在偏好选择的潜意识作用下，人们会越来越倾向于通过强化利己信息来宣称自己才是对的一方，如果被一些有心之人加以刻意设计，这种偏好声音在舆论中就有可能呈现指数级增长，变得越发强烈而迫切。这样的后果便是舆论的分歧越来越大，越来越难以调和，矛盾也会随之演变升级。这相当于告诉我们，在舆论话题的讨论中，不同人群面对同样的"信息"时，有可能产生完全不同的理解和判断，特别是要同时面对来自对错争论、情绪叠加等各方面的误导难题时，对峙、对抗、对立、对攻这些情绪舆论的表现就会同步出现，这是摆在我们所有人面前的一道现实难题。

在舆论层面，一种声音的胜利，有时候并不是因为这种声音成功说服了它的反对者，而是因为反对它的声音被更多支持它的声音成功淹没，如果一种声音失去了舆论力量的从众动员能力也就意味着失去了舆论的市场。

从心理学层面解读舆论中出现的这种选择偏好及由这种选择偏好而造成的一系列舆论现象的根本原因还是在于我们通常会更加关注事物之间的关联性，而不会去深层次研究事物之间究竟有没有内在的因果性。

四、人们想要的只是一个结果，而不是得出这个结果的过程

要得出事物之间存在因果关联结论的过程实在过于复杂，对于绝大多数人而言，根本就是一种心理煎熬，对他们来讲，与其费尽脑汁把时间浪费在这些烦琐的过程上，倒不如跟着想象走，跟着感觉走，只要不是太离谱，差不多就行，毕竟大多数人愿意参与舆论讨论只是图个茶余饭后的精神愉悦而已，而不是真的一板一眼地去论证事物之间到底有没有因果关系。

这可能就是为什么有些严谨性的专业回应总是得不到预期的舆论效果。专业人员在给出一个合理的结论前必须经过的科学、严谨的分析，而绝大多数网民想要的不过只是一个结论而已。比如，因为管理不善、人员素质较差、硬件落后等原因，某个学校食堂制作出来的食物卫生状况不达标，导致一些在校就餐的学生出现了腹痛、腹泻等疑似食源性疾病的病症。舆论认为这是一起十分明显的食物中毒事件。而事实上，食物中毒事件的认定还要满足"致病菌检测""就餐人员都出现症状"等诸多允要条件，讲得再直白点，我们吃苹果时不小心掉了，还用沾满污垢的鞋子踩了一下，你肯定觉得这样的苹果肮脏不堪，但如果你将这个苹果拿去做致病菌检测，说不定它毫无病菌。人们想当然地将学校食堂管理混乱、从业人员素养缺失、硬件条件严重落后这些问题认定为导致学生腹痛腹泻的因，而事实上，不是所有具备上述条件的学校食堂都会发生学生腹痛腹泻事件，而只是具备上述条件的学校食堂发生学生腹痛腹泻事件的概率要更高一些。

这时候，就要有意识地对回应通稿中关于事件因果关联的认定部分进行一些适当的"技巧"处理，少提或不提"不存在因果联系""现有证据不能认定为食物中毒"这些容易引起公众反感的字眼，而把陈述重点放到如何解决问题，如何进行整改等方面。这是因为大众想要的其实是"今后如何避免问题再次发生"等能够让他们相信这样的事情以后不会再发生的表态。

当然，这个例子只是想再次提醒大家一个很现实的问题：很多时候，舆论并不都是在"就事论事"，而不过是一些人在借某个事情来表达自己对某个结果的偏好而已。这就好比你的另一半突然跟你说，他的手机很"卡"。事实上，他并不是真的想让你提供一些解决方法，而只是想让你尽快给他买个新的而已。明白了这些，你就会发现，舆论危机的应对处置可能并不如你想象中的那么难。

本节重点：

1."同意的请举手"和"不同意的请举手"是设计者故意设计的默认选项，它们对选择起到非常重要的作用。

2. 从来就没有绝对意义上的理性选择，我们通常说的"理性选择"并不一定真的"理性"，而更像是一种基于一定思维意识框架下的选择偏好。

3. 选择无处不在，它与我们生活、工作的方方面面息息相关，所以如何做出选择的心理机制至关重要，它决定了你今后会往哪个方向走。

4. 人们想要的是结果，而不是得出结果的论证过程。

5. 舆论中出现的选择偏好及这种选择偏好造成的一系列舆论现象，根本原因还是在于人们通常会更加关注事物之间的关联性，而不会去深层次研究事物之间究竟有没有内在的因果性。

比较方式

一、比较是制造冲突常用的手段

通过比较的方式刻意造成带有明显"谁优谁劣"的表面现象，是舆论中经常会被使用的引导手段之一。这是因为通过对比，可以更为有效地借助社交媒体表达"非黑即白""非对即错"的正反两面逻辑语境（这在前面关于对错的章节中已有过详细论述）达到捧高踩低的舆论效果，不仅可以吸引更多人参与话题讨论，还可以借助不断壮大的舆论力量实现对某个特定事件、某个特定人群的针对性打击。

前面我们已经讲过，人们总是会在大量选项中选择自己认为最符合自己理解偏好的那个，理所当然地将其认定为唯一合理结果，并且对此深信不疑。在这种情况下，一方面我们会对被我们挑中的这个选项充满信任，不断地进行"这就是真相""这就是事实"的自我暗示和心理强化，以便让自己从中树立更加坚定的信心，同时也让外人对我们选定的选项更加笃定；另一方面我们则会对被我们舍弃的其他选项表现出比此前任何时候都更为强烈的不屑感和鄙夷感，以巩固"我怎么可能是做出那种选择的人"的心理，这便是舆论层面形成优劣对比的心理基础，它会随着讨论的深入不断发展壮大。

越制造出悬殊的优劣对比语境，就越能在舆论中形成鲜明的正反评价；越让占据舆论优势的一方形成对劣势一方的声势压制，就越能促成舆论更加明显的从众效应，从而让其往更有利于自己的一方发展演变。例如，你所在单位就某项工作成果进行了网上舆论宣传，而有人如果想要对你所在单位这项工作施加舆论压力，不会直接指出这项工作的不足、瑕疵、错误而会使用比较的舆论手段，把你所在的单位与其他同类单位的类似工作进行优劣对比，营造出"你有什么了不起""其他做得好的单位都没这么高调"这些充满揶揄、讽刺的对比语境。这时候，你就会发现，的确会有一些网民开始在他设置的对比语境中讨论话题，而这些讨论声音可能绝大多数都对你不利，甚至你也会产生你正在宣传的这项工作是不是真的有问题这样的心理错觉。之所以会形成这样的局面，是因为在充满对错陷阱的社交媒体舆论场，人们很容易受到一些刻意的引导而被天然地分成正反两队，并在"点赞胜利一方""贬斥劣势一方"之间不断徘徊。

这种社会心理现象也被称为"安慰剂效应"，即通过不断强化我们的潜意识来大幅度增加我们对已经得出的判断的信心。这种潜意识的判断影响，就像医学领域的安慰剂一样，能够帮助人们充分激发隐藏在心灵深处的意识力量，让其更加坚定自己的判断。

现实舆论案例中，我们经常会在不断地对比中做出认为对自己更有利，更符合自己偏好的选择，除此之外，我们还会出于炫耀自己优越、智慧的心理本能，对那些被我们舍弃的选项表现出强烈的排斥感，以最大限度地体现自己是多么的明智，至少表面上看的确是这样。

比如，你因为上班迟到遭到了部门主管的严厉批评，最初你可能会感到惭愧，并暗暗下定决心下次一定改正，但如果你的同事跟你说"有什么大不了的，你看隔壁办公室的那些人天天迟到，也没见到他们的主管这么大惊小怪"，你最初的惭愧感就有可能大幅下降，甚至还会因此向同事抱怨部门主管不近人情。

二、对比虽然可以满足优越感，但也容易形成鄙视链

习惯于在对比语境中开展话题讨论的心理属性容易让人忽略一个十分重要的事实前提，即很多优越感、自卑感以及因为这些优越感、自卑感而产生的负面情绪，都是人过度执着于对比结论的下场。

另一个则是因为优劣对比很大程度上迎合了人们心中的价值标尺，即以优为荣，以劣为耻。

应该说，与特定的参照物进行对比，并在"谁优谁劣"的基础上展开话题讨论，是每个人都或多或少会存在的心理本能，也是处理应对舆论问题时需要重点了解的领域。但我们依然要时刻提醒自己，过度对比得出的结论，很可能只是一个安慰自己的"结论假象"而已。

比如，你的孩子期末考试数学考了95分，如果你比较的对象都是95分以上的孩子，那么你很可能就会得出你的孩子数学成绩不好的结论，并因此郁闷不已，而实际上95分或许已经在班级名列前茅；但如果你比较的对象都是95分以下的孩子，那么很可能你也会得出你孩子数学成绩

很不错的结论，也会因此感到沾沾自喜。而实际上或许班级里95分以上的孩子比比皆是。

一次成绩只能显示某个特定环境下的成果，不代表全部过程。例如，你的孩子这学期期末考试考了高分，只能说明他这学期的成绩比较令人满意，而不是说把你的孩子放到其他任何学校的任何班级都可以取得这样令人满意的成绩。同样的道理，把其他比你优秀的人拿来与你对比，也只能证明这一次你的确比他们差一点，但并不能证明你不优秀，当你解开了这个心结，你或许就能十分从容地应对那些刻意使用不断对比手段试图给你制造负面舆论压力的惯用伎俩。

比如，将不具备可比性的新闻通稿与会议部署放在一起，有意制造出"贬一方，捧一方"的对比语境，这样一方面可以诱导网民在"站一方，还是站另外一方"的选项中"二选一"，形成观点鲜明的两队；另一方面可以有效地在舆论中制造出"一方VS另一方"这种带有对抗性的话题，无形之中增加了围观人群参与话题讨论的兴趣。

这种情况很像自然界中一些鱼类自我保护的方式，它们与其他动物想方设法躲避天敌攻击的方式正好相反，常常大量聚集起来形成庞大的"动物群"，而事实证明聚集物越大避开攻击的可能性的确越高。人也是如此，往往会在集体行为的掩护下大肆释放自己已经压抑很久的情绪，哪怕戾气十足，充满攻击性，也依然不用顾忌，因为他们都很清楚只要大家抱团，人数足够多，最后因此遭到实质性惩戒的概率就会越低。

"谁优谁劣"的"鄙视链"舆论议题迎合了群体情绪的特征。在这种语境下，优势一方就会源源不断地释放群体情感。需要注意的是，"鄙视链"对比让优势一方得到精神满足，是以劣势一方承受"精神痛苦"为前提的，所以最容易被反抗，被推翻，久而久之就会成为影响公众舆论动向的不稳定因素。

这是因为人总是同时具备对迫切成为胜利者的渴望和对其他胜利者嫉妒这两种十分矛盾的心态。

这是一种基本人性，也是我们必须要面对的现实。如果我们不能很好地控制自己的情绪，调节自己的心态，就有可能被一些不怀好意的人利用，沦为他们干扰公众视线，误导舆论判断的炮灰，甚至还会对网上舆论传播秩序造成破坏性影响。

要解决这个问题，其实并不难。关键还是要时刻提醒自己：在具体的处置操作中，一定要把求证官方发布、官媒报道摆到甄别信源的重要位置上。在面对一些好事者刻意创设的"一方VS另一方"舆论话题、有意挑起"地域黑"事端时，要把事件起因、进展回应、后续情况等信息了解清楚。要养成多方求证信息、多渠道了解进展、多维度观察比较的好习惯。这样才能避免陷入好事者预设的话题陷阱。总而言之，要时刻提醒自己：舆商能力之一就是要养成随时求证的习惯。

三、舆论场域里，比较心理无处不在

在我们的工作、生活中，比较心理无处不在。我们熟知的网络热词"内卷"，事实上也源于过度的对比。内卷是指一类文化模式达到了某种形态以后，既没有办法稳定下来，也没有办法转变为新的形态，而只能不断地在内部变得更加复杂的现象。经网络流传，很多人用其来指代非理性的内部竞争或"被自愿"竞争。

现在指同行间竞相付出更多努力以争夺有限资源，从而导致个体"收益努力比"下降的现象。可以将其看作努力的"通货膨胀"。你加班2小时，我就要加班3小时；你全员上岗，我也要全员加班，造成的结果令人唏嘘，而说到底只不过是一场自我安慰的心理闹剧罢了，很多人也将其称之为"逆淘汰"。

逆淘汰，是社会学领域里描述"劣币驱逐良币""坏的淘汰好的""劣质的淘汰优胜的"等社会现象的专业名词，也被称为精英淘汰，是指在政治、学术领域，具有真才实学的道德操守高尚者遭到冷遇、排挤和打击、压制乃至被最先淘汰出局的现象。

过度的对比恰恰加剧了"逆淘汰"出现的概率，这是因为一些毫无意义的过度对比对社会、个人造成的心态困倦、思想疲倦，破坏的是整个社会心态，久而久之，不仅会在社会层面形成难以逆转的"心态崩溃"，造成不可逆转的负面影响，还会在舆论层面表现出丧失信心、丧失活力、消极心态等现象，成为一道短时间之内难以解决的舆论难题。

本节重点：

1. 比较心理容易造成"谁优谁劣"的表面印象，是舆论中经常会被使用的引导手段。

2. 制造出越悬殊的优劣对比语境，就越能在舆论中形成鲜明的正反评价，越能让占据舆论优势的一方形成对劣势一方的舆论压制，以此来让舆论促成更加明显的"从众"效用，往有利于自己的一方发展演变。

3. 很多优越感、自卑感以及因为这些优越感、自卑感而产生的负面情绪，都可能是我们过度执着于对比结论的下场。

4. 当你成为胜利者时，你会尽情享受胜利者姿态给你带来的各种精神享受，并且会以"俯视"姿态去教育他人也要努力成为胜利者；然而，当你成为劣势一方的时候，你的态度就可能发生180°转变，容易转为对其他胜利者的不屑、不服，甚至是嫉妒。

5. "内卷"，事实上也是源于过度的对比，说到底不过是一场自我安慰的心理闹剧罢了，很多人将其称之为"逆淘汰"。

6. 过度对比对社会造成的危害，绝不低于能力低下和本领不足。

"翻车"事故

一、做好舆论宣传难而又难

近年来，国家持续加大对网上恶意歪曲、公开贬损英雄烈士违法言论的打击力度，出台了《中华人民共和国英雄烈士保护法》，在法律法规的震慑下，一些违法者得到了应有的制裁。随着这些典型案件被媒体披露，社会舆论层面很快形成了一股保护革命烈士、卫国戍边英烈名誉的强劲势能，有效震慑了那些想通过侮辱、诋毁英烈来发泄生活不满情绪的人。但我们依然需要清楚一个事实，仅仅依靠法律法规的刚性约束，就让人从根本上转变思想观念，几乎是不可能的。从表面上看，这些违法者得到了应有的惩罚，并在公开渠道进行了看起来十分深刻的道歉，但他们是真心忏悔，还是仅仅屈服于法律的高压线，我们谁也不知道。

宣传工作事关人心向背，舆论宣传难就难在这里，这是由人性属性所决定的，无法更改，也不可逆转。舆论宣传的工作难度，可能要比我们想象的要难很多，尤其是在互联网舆论这个大背景下，舆论宣传是唯一一个不能仅仅把它当作是工作的工作。说起来难免绕口，但当你产生"差不多就行了"的想法时，可以及时用上述观点提醒自己，否则就会因为你的"差不多"想法而引起一些完全可以避免的"翻车"事故。

这些年，随着互联网技术的快速发展，舆论生态快速变迁，有些单位在适应互联网发展大势的过程中，的确遇到了一些新问题新挑战，对此我们还缺乏系统性了解，导致在舆论宣传、舆论传播中吃了不少亏，引发了一个接一个的"翻车"事故，不仅让一些单位备受舆论质疑，社会谴责，有的甚至还因此深陷"信任"陷阱，如果长此以往，后果不堪设想。

二、现实中经常出现一些"翻车"事故

事实上，造成这一系列问题的根源并不难找，主要还是身处舆论宣传关键岗位的人存在对互联网宣传领域的"本领恐慌"，没能真正精准把握自下而上、侧重情感、低势位传播的互联网舆论宣传规律，依然在使用传统纸媒时代的老理论、老思路和老方式来处理互联网中的"新问题"，由此出现了与互联网舆论发展大势脱节的情况。比如，为了宣传一位干部敬业、奉献、勤勉的先进事迹，有些单位在舆论宣传文章中使用了"28天连续加班""没换过衣服""没洗过头"这些可能在他们看来是极为正面的夸赞语言。然而，这种过度"神化"造成的舆论后果可想而知。人们的反馈相当真实，并且显而易见，不仅没能如其所愿赢得社会赞誉，而且还成了人们茶余饭后的笑柄谈资，其中的缘由不得不令人深思。

现实生活中，我们常常会看到各种各样的舆论"翻车"事故，有的是因为用力过猛适得其反，有的是源于缺乏语言技巧而引起群众情绪逆反，还有的甚至是刻意为之而导致的反向操作。总之，这些都要引起我们的注意，以下我们以案例来解析。

第一类，过于追求新闻价值主义造成的不良观感。

案例1：为了宣传基层干部工作辛苦，刊发诸如《为老外提供暖心服务》《帮狗找旅馆》《一天送20趟快递》的宣传稿件，通篇使用"有的老外一次只买4片面包，为了确保他能每天吃新鲜的面包，干部就每天送上门""老外要喝桶装纯净水，一次性购买了4大桶，我们就帮他一桶一桶从小区门口扛到楼上""还有一位外国友人买了大件物品，没有电梯，我们派了两个人抬上4楼，送进家里""有个小年轻酷爱淘宝，我们有一天帮他送了20多趟快递""老外的高中生儿子过生日，同学把生日礼物送到了家门口，孩子并未出门，觉得很委屈。第二天一大早，我们就安排人员带着生日蛋糕上门，疏导'老外'小伙子的委屈心理"这类刻意突出某个特定群体的描述性语言。

案例2：为了宣传基层服务群众工作十分细致，刊发诸如《外籍女婿不愿集中隔离怎么办？居委会书记出妙招》的宣传稿件，通篇使用"外籍女婿途经多个安全风险隐患地区但拒绝隔离""最后不得已，家人联系社区人员上门做思想工作，经过长达数小时沟通""最终，找到问题解决办法：让妻子和岳母及家人到亲戚家住，让'洋女婿'居家自行隔离"这类历经多次"波折"后找到解决方法的描述性语言。

　　案例3：为了能够充分体现部门的工作效率，刊发诸如《外籍友人丢钱包，快速帮忙找回》的宣传稿件，通篇使用"外籍友人不慎将装有护照、身份证和银行卡的钱包丢失""经过全力查找，2个小时后完璧归赵""外籍友人伸出大拇指表达感谢，夸赞中国效率高"这类重点突出工作效率的描述语言。

　　点评：有一种观点认为，只有同时具备异常性、新鲜性、猎奇性的新闻线索才更能体现新闻价值。受这种观点的影响，一些人难免会为了刻意追求新闻的标新立异，而有意识地去挑选那些能明显区别于普通人群的对象，能明显吸引足够关注的个体事件，能明显引起视觉冲击的反常细节作为新闻报道素材，以此来体现所谓的"新闻价值"。

　　当然，我们还是要承认，将老外作为新闻主角，更容易引起舆论关注，符合新闻价值主义者关于异常、新鲜、猎奇等新闻价值的描述。但我们同时也要明白，中国不同于西方，不同的政治背景、经济基础、价值体系、社会构成、意识形态，注定了在中国做舆论宣传，不能仅仅追求新闻个性带来的舆论效应，还要把政治效果、法律效果、舆论效果和社会效果等贯穿始终。讲得再直白一些，我们不能只关注"有多少人看到了这条新闻"，还要看"这些人看了这条新闻后的思想反馈，是不是与这条新闻刊发的初衷保持方向一致"。

　　比如，案例1想表达的是基层干部的工作十分辛苦，他们已经做到了"帮狗找旅馆""一天送20趟快递"这样的极致程度，人们应该为这样的基层干部加油鼓掌；案例2想展现的是在面对生活习惯不同，语言沟通不畅，对国内工作理解不够这些现实困难面前，我们想要表达的是迎难而上，通过积极沟通，主动协调等方式，最终成功解决难题的优秀基层干部形象，社会应该为这样敢于担当的基层干部点赞；案例3则更为直接：当外籍友人遇到了现实困难，工作人员表现出了中国相关部门应有的更为友好的主人翁态度，更为高效的工作作风，为中国在外籍友人心中的形象增了光，添了彩，应该得到舆论表扬和社会鼓励。

然而，理想很丰满，现实太骨感。舆论给出的反馈虽然片面、刺耳，充满情绪化，但这的的确确反映出了当前一些单位对互联网大背景下舆论规律的把握、话语体系的理解、宣传方式的选择、语言分寸的拿捏还存在一些问题。讲得通俗一点，舆论效果才是检验舆论工作者组织开展舆论宣传工作成效的最终标尺，如果舆论工作者组织策划的舆论宣传不能深入人心，赢得民心，那么即便下了再大功夫，花了再多时间，也只能是"竹篮打水一场空"。

不得不说，我们常常太局限于求独特、求新颖、求眼球这样的思维惯性里，太迫切想要得到社会各方面的认可，太急于向社会展现自己的工作成绩，以至于有时候为了让舆论尽可能地关注到自己，想方设法地去人为制造一些所谓的"与众不同"，即便这些"与众不同"原本就不该存在。就比如前面案例提到的外籍人员与普通国人，事实上，都是百姓，完全没有必要在宣传稿件中刻意去突出外籍人员这个身份。

但话说回来，我们还是要看到这些"翻车"事故正面的地方。如果不是发生这样的"翻车"事故，可能连这些宣传稿件的通讯员、供稿人自己都还没意识到其中的问题，事实上，这样的舆论宣传会给大众造成一种较为不适的舆论观感，这是因为人们都会把宣传稿件讲述的人物、报道的事迹摆到更高位置上，并且十分自然地视其为舆论宣传工作者所要积极宣传和有意倡导的政治方向、舆论导向和价值取向。也就是说，刊发案例1、案例2、案例3这样的宣传稿件，容易让人们想当然地认为今后当地会为每一位老外都提供这样的暖心服务，这势必会让人们产生与自己"非外籍"角色的对比联想，得出"正是因为自己不是外籍身份，所以他们不可能为我提供如此细致的防疫服务"的猜测性结论。

事实上，要避免这样的"翻车"事故并不难。只需记住一个原则：舆论宣传工作讲究个性与共性的有机统一，不能只讲舆论宣传的个性而忽略了整体的共性感受，要在基本共性感受的基础上，去突出新闻价值主义的个性。这其实也是马克思主义新闻观的一个基本内容。

第二类，陷入不计成本的"顶格"宣传思维。

案例4：为向社会展现工作已经细致到每一个微小的细节，使用了"工作人员在农贸市场菜摊前拉线""半蹲在菜摊前进行丈量""神态全神贯注，以此来提醒经营户，不能超出摊位摆菜"等语句，然而这样看起来细致入微的描述，曾一度引发舆论广泛讨论。

案例5：为向社会宣传当地环卫工作的创新成效，使用了"以克论净""以克论净就是一平方米地面，扫出来的泥沙不能超过10克""烟头、垃圾落地不能超过10分钟，在10分钟内必须处理掉""全方位、多角度开展清扫、洒水、洗尘、捡拾等作业""像绣花一样精细"这类带有多个数字计量单位的表述。

点评：我们一定要明白一个道理，舆论宣传并不仅仅是面上的"一是一""二是二",而是具有很强的导向信号释放作用,是要通过卓有成效的宣传策划、议题设置、氛围营造等方式,鼓励更多人加入"坚定方向、巩固导向、树立取向"的氛围当中。也就是说,舆论宣传的另外一层意义是向社会释放那些应该弘扬并且可以在更广范围内引发不断模仿的信号。一旦舆论工作者完全脱离了工作实际,把这些"不是100分,就是不合格"的"顶格"管理思维作为舆论宣传工作的思维内核,长此以往对基层群体造成的思想影响显而易见。

比如案例4,农贸市场的精细化管理是否真的有必要在菜摊前拉一条线?工作人员是否真的有必要拿着放大镜去一个一个丈量,而只是为了要求商贩摆菜不能超出摊位;再比如案例5,泥沙不能超过10克,烟头、垃圾落地不能超过10分钟,在10分钟内必须处理掉,这些夸下的海口是否真的能够实现?其实,舆论宣传应当审慎使用"最全面性""最严要求""最高标准""最快速度"这样的顶格宣传用语。因为这种"动不动就顶格"的宣传工作思维,一旦成为我们做宣传工作的潜意识,很容易导致在落实工作过程中出现脱离实际情况,超越能力范围,丧失灵活思维,有违客观规律等一系列负面倾向。是不是真有必要做到这种程度,是不是所有事情都要做到"顶格""极致",这是我们应当正视和考虑的现实问题。

其实,舆论的反应也足以说明问题。一方面,用远远超出实际情况的顶格标准去宣传取得的工作成绩,对内会给广大业务线上的基层同志造成强烈的心理压迫感,容易助长他们滋生出"躺平""佛系"等软性抵抗的负面心理,这就与凝心聚力、鼓舞人心的舆论宣传初衷背道而驰了;另一方面,一旦任由这种"顶格"宣传思维在舆论层面蔓延滋生,容易变为影响线下行动的舆论"势能"。在舆论的无形"势"压之下，很多部门和单位都会自然而然地接续入场，竞相模仿，由此便进入了一个不计成本，比谁更顶格，比谁更极致的循环中，相当于舆论宣传领域里也会同步出现内卷这类前面讲到的"逆淘汰"现象。

第三类，陷入情节"造神"的宣传思维。

案例6：某微信公众号刊发宣传稿件《7亿次的零出错》，称一工作人员默默坚守在一线岗位上从事印章服务工作，一年里7亿多次施印，处理OA流程5964条，用印登记率100%，零出错。部门同事再三确认，都"哇"了一声。这份"沉甸甸"的数据，让人惊叹，又让人心中发堵，这是怎样的独自奋战和兢兢业业啊。

案例7：一官方微信公众号推文《瞒着同事坚持到最后十天》称，下属单位有一位90后工作人员为了工作，一直向单位隐瞒自己怀孕的事实，直到生产前10天才因为身体反应太大，不得不向单位领导报告了怀孕的事实，在单位的明确指令下才回家休息，准备生产。

案例8：一网站刊发宣传稿件《奇迹在这里发生，坐轮椅的老奶奶重新站了起来》称，有一位91岁高龄的老奶奶患重度认知症16年，进入认知障碍3年，在轮椅上坐了3年，然而伴随着一首熟悉的歌曲，老奶奶竟然站了起来，还跳起了舞。

点评：对于这类"翻车"事故，大众会给予什么样的评价和反应呢？这类舆论宣传总是喜欢有意识、无意识地进行各种程度的"造神"，给所要选树的典型、感人的事迹贴上各种常人根本无法达到的"神话"标签，仿佛只有这样才能宣传好他们那些不平凡的感人事迹。比如案例6的宣传稿件刊发后，就有网民帮着算了一笔账：一个人一年盖7亿次章，按照一年365天、每天24个小时、每小时60分钟来计算，相当于这位"兢兢业业"的盖章小能手在不吃不喝、不睡不拉的情况下，每分钟要盖1000多次章。对此，这位网民的评价是：这已经不是"盖章小能手"，而是赤裸裸地在吊打全宇宙的超级无敌手。再比如案例7，结婚、怀孕是国家法律赋予的正当合法权利，且不说直到生产前十天同事仍没有察觉情况是否属实，就以怀孕待遇来讲，把一个可以正常享受怀孕权利的工作人员宣传成"不食人间烟火""害怕怀孕耽误工作"的工作机器，难免会让人反感、抵触。案例8的这篇信息显示，仅凭一首歌就可以让一位坐轮椅多年的老奶奶重新站起来，这是不是已经违背了基本的医学常识和基本的常识逻辑呢？

三、太追求与众不同，往往容易忽视共性感受

舆论"造神"的宣传思维大抵如此，都是为了尽可能地在社会舆论中营造出所要宣传的对象、所要宣传的事迹不是寻常人想做且能轻易做到的，都是要付出牺牲家庭、牺牲健康、牺牲时间这些寻常人难以割舍的代价的，一方面想以此来最大限度表现宣传对象的高大形象，另一方面也是想以此来平息单位内部可能会质疑为什么要选择这个特定人物的潜在风波。比如，盖章、收发文件这类办公室文书工作实在过于平凡，很难写出独树一帜的亮点，于是为了能给外界传递"在平凡岗位上干出

了不平凡的事迹"的舆论印象，便有了"一个人一年盖7亿次章"这种描述。当然，很少人会犯这种常识性错误，因为这个错误实在太过离谱。我们是否应该扪心自问：我们对身边先进典型、先进事迹、先进经验的舆论宣传，是不是也陷入了这样的"造神"思维？没有被推上舆论风口，不过只是因为没有这么夸张罢了。

另外，"造神"思维大大拉开了典型人物与普通人之间的心理距离。于是，"自叹不如""根本做不到""离自己太远"这类想法便会不断地在大众的脑海中出现，并且人们会反复地告诉自己"这样的典型，我不可能做到""要舍弃这么多，还是算了吧"，这也导致即便大众会给予典型足够的掌声，却并不会将其真正记到心里去，更别说向其学习了。

四、舆论宣传往往自带"补偿"属性

事实上，这种情况的发生并非偶然，而是源于舆论深层次的"补偿"规律，即社会真实判断与舆论宣传形象之间的反差超过一定阈值，舆论就会表现出"补偿"可能。

当一个事件、一个行为的现实性约束无法得到有效反馈时，舆论就会触发"补偿性"机制，从道德共情角度给予反馈性补偿，以弥补现实层面无法有效惩戒、约束留下的遗憾。

舆论宣传也是如此，过度盲目地拔高事迹，过分夸张的情节渲染，都会触发舆论的反制性补偿机制。如果从这个维度去分析导致前面"翻车"事故的原因，我们就会心中有数，实际操作起来也会变得游刃有余。

互联网舆论大背景下的舆论宣传工作要真正深入人心，赢得民心，除了基本事实和内在逻辑要站得住脚外，关键还是要在社会层面引发更为广泛且一致的代入感和共鸣感，要有典型借鉴和学习推广的实际价值、意义。

一是要充分评估时代发展变迁造成的认知差异。每一个时期都有每一个时期的特征和背景。比如，新中国刚刚成立时，我们一穷二白，百废待兴，百业待举，客观条件十分艰苦。在这样的时代背景下，舆论宣传的方式肯定要"重"一些，即最大限度地突出典型人物对国家、社会做出的贡献，尽可能地补偿因为工作原因而对家庭造成的亲情亏欠，但这种宣传方式也要随着时代背景的变化而做出动态调整，特征和背景变了，宣传思维、宣传方式、宣传尺度还停留在老一套上，报道很可能就会"水土不服"，导致效果适得其反。比如，有地方为大力宣传大雪期间基层工作人员连续作战、兢兢业业的奋斗精神，在宣传稿件当中使用了"夹雪充饥""吃雪解渴"这类针对条件艰苦程度的细节描述。虽然表面上看起来的确能够充分反映工作人员面临着的恶劣天气，但需要注意的是这同时也会让人们产生"心疼工作人员身体""担心工作人员健康"的心理倾向，也容易滋生出对后勤保障不足、缺乏关爱这些问题的关联猜想，舆论层面难免会出现"质疑保障不足""批评宣传方式"的声音。当然，我们并不是说这个事情本身就是杜撰的，也不是说这个事情不能宣传，而是在进行这类舆论宣传时，要对描述的语言和语气进行充分而准确地拿捏。这并不是宣传稿件应不应该发的问题，而是这样的宣传稿件应该怎么发的问题。

二是要把推广借鉴意义作为舆论宣传"性价比"的重要参考依据。能引起更大范围内的学习推广，才是我们开展舆论宣传的最终目标，因此我们讲述的故事、选树的典型一定要有可供学习、可供借鉴、可供推广的价值和意义。我们一定不能忘记舆论宣传工作的初心，其最终目的是要在社会层面营造出一种能让更多人参与，更多人加入，更多人学习的正向舆论氛围，这才是衡量我们要不要舆论宣传，如何开展舆论宣传，舆论宣传要到什么尺度的根本标准，不能为了宣传而宣传，否则只会离社会人心、舆论民心越来越远。以前面这个宣传稿件为例，全文渲染的"夹雪充饥""吃雪解渴"并没有实质性学习和借鉴的价值，应当尽量少提，至少不宜出现在稿件的标题里。

三是要在精准把握舆论规律的基础上选好讲述视角。互联网背景下的舆论宣传，需要互动思维、双向思维。做好舆论宣传工作，本质上还是要精准把握互联网传播的工作规律，什么时候应大张旗鼓地因势利导，什么时候则要收紧尺度，点到为止，这些都需要我们进行充分而全面的风险评估。不能简单将舆论宣传理解为"发一篇稿件""写一篇通稿"，而是要根据不同受众、不同题材、不同目的，在全面吃透抖音、B站、小红书、知乎这些新兴平台在视觉传播、受众传播、议题传播方面的内在规律，进而量身定制，分众策划，紧跟当前年轻网民的兴趣爱好、价值取向、年龄层次、生活习惯等走向，把目光尽可能地放到传播方式选择、脚本文案策划、宣传主旨植入等理念、内容、形式、方法、手段创新上，以形成"网上讨论热烈、理论提炼到位、圈内圈外共振"的全域宣传闭环。

总之，前面讲到的"翻车"事故是前车之鉴，我们应该及时总结，避免自己今后犯同类错误，这才是我们主动适应互联网发展大势的正确姿势。

本节重点：

1. 我们要警惕滥用"最全面性""最严要求""最高标准""最快速度"这样的顶格宣传用语，这会引发一些我们不想看到的连锁反应。

2. "造神"思维拉开了典型人物与普通网民之间的心理距离，会让公众产生难以逾越的距离感，这是导致"宣传翻车"的重要原因。

3. 互联网舆论背景下的宣传要真正深入人心，赢得民心，除了基本事实和内在逻辑要站得住脚外，关键还要在社会层面引发更为广泛且一致的代入感和共鸣感，要有典型借鉴和学习推广的价值、意义。

第 3 章

輿情規律

舆论平台

一、微博仍是目前最主要的舆论平台

平台的重要性毋庸置疑，也十分关键，因为平台是我们生产信息、传播消息、动员受众的主要宣传媒介。不同平台的用户的兴趣点、关注度往往存在差异，有的甚至完全不同。微博是目前最主要的舆论平台，无论是公共话题的讨论热度，还是观点言论的激烈程度都比微信、头条这些平台大一些，而快手、抖音这些以视觉冲击传播为主要特点的平台，用户更倾向于关注吃喝玩乐等偏生活的娱乐话题。

也就是说，一条在微博上能迅速冲上热搜的舆情文章，并不一定能在抖音上有"刷屏""霸屏"效果，甚至还有可能遭到冷落。这并不是说这篇舆情文章不够有吸引力，而是说即便是对同一个信息、同一个话题，不同平台的用户之间也会存在一些较为明显的区别和差异，这是因为不同的平台有不同的定位，并以其为基础尽其所能地筑牢用户黏性，以留住自己想要留住的目标用户。因此，不同年龄结构、不同知识层次、不同社会阅历、不同兴趣爱好的用户自然也会对不同话题表现出不同的兴趣和关注度，这就是平台的设计逻辑。

前面我们已经讲过，每个人都有从众心理，由此社会上形成了一个个基于政治、经济、文化、兴趣、家庭等各种思想单元的不同圈子。圈子里的成员数量越多，范围越广，这个圈子的个性化特点就会越少，圈内成员对圈子的依赖、信任、黏性就会越低。这是因为在每个人的心里，多多少少都会有"物以稀为贵"的共性心理，只有被拉入足够小范围的圈子，才会让我们感觉更被"需要"。

平台的道理也是如此。如果没有吸引人的优势，用户很难一直坚定不移地去使用一个平台，毕竟"喜新厌旧"也是人性的心理本能之一。也就是说，正是出于要紧紧抓住用户黏性的设计动机，微博、微信、知乎、抖音、B站这些不断出现的互联网平台才会想尽一切办法地去表现自身平台独特的一面，好让平台看起来"让人不能拒绝"。比如，微博的优势在于对公共话题、公共议题的热门优先、热搜精选，能够帮助用户非常迅速地了解舆论中到底哪些话题正在引发激烈讨论，既能满足人们第一时间参与话题讨论的心理需求，又能帮助他们省下很多时间；微信的优势在于社交关系的维护和文章的深度阅读，一方面可以帮助用户较好地维护彼此之间的社交关系，另一方面也能让他们比较全面地了解一个事件的前因后果、来龙去脉；抖音的优势是基于用户兴趣爱好的算法推荐，能有效地帮助用户打发乘地铁或等高铁这些无聊而又不得不花的碎片时间，呈现出娱乐、休闲等调剂生活的一面；而知乎这类问答平台，则是给高知群体提供了分享知识的展示平台，帮助平台的其他用户更加精准、更加及时地获取他们需要的专业知识，等等。

纵观互联网社交舆论平台的发展过程，从最初微博的"一家独大"到之后的"两微一端三分天下"，再到现在抖音、知乎、快手等一批互联网新兴平台接续出现的"群雄割据"，呈现出十分明显的多平台共同竞争、多用户属性伴随并存的蔓延趋势。需要指出的是，虽然多平台共生蔓延已经成为互联网舆论平台今后发展的"大势"，但大量的舆论数据表明，微博仍是目前最为重要的互联网舆论平台，也是我们系统解构互联网舆论规律的关键样本。

微博，即微博客，是基于用户关系信息分享、传播以及获取的通过关注机制分享简短实时信息的广播式的社交媒体、网络平台。2009年8月新浪推出"新浪微博"内测版，成为门户网站中第一家提供微博服务的网站，随后腾讯、网易等门户网站相继介入，开发出了腾讯微博、网易微博等，目前我们所称的微博就是指原先的新浪微博。

关于微博，我们首先要明白一点，微博的媒介属性要强于其社交属性，这是因为微博发言的用户匿名特点，会让人们更愿意在这个平台上讨论一些容易引发舆论争议的、具有公共属性的社会话题，言论尺度也更大一些，人们在参与话题讨论时也更容易"放得开"。事实上，这样有利有弊。有利的是人们表达看法、意见、观点、情绪更加"原汁原味"，会让我们非常直接地听到一些来自社情、舆情层面最真实的声音，虽然有时候会相当刺耳。当然，弊端也很明显，一言不合就互相攻击的情况经常出现，如果再被一些居心叵测的人加以利用和鼓动，很可能就会带偏整个舆论方向，严重干扰正常的网上秩序，长此以往势必潜移默化地消解主流舆论共识，尤其是在那些充满强烈道德感和伦理性的舆情事件中。

　　以我的个人经验，微博上的舆论讨论如果出现以下苗头性、倾向性迹象，就要引起足够重视，否则就有可能发展成为负面的、充满戾气的舆情事件，届时再去处置应对，恐怕会十分被动。

　　一是具有广泛的话题共情基础。我们每个人都会因为自己的一些特殊经历而对部分话题表现出异乎寻常的关注和讨论兴趣。我们可以将之称为基于同感、同理、同情等角色代入感而形成的"主角联想""情感反射"。也就是说，即便自己不是这个事件的主角，也会产生"如果自己也是主角""我也可能成为主角"等代入感十足的场景联想，进而迫不及待地将自己代入第一视角去参与话题讨论，想主角所想，急主角所急。比如，面对"就算我夸大其词了，你们又损失了什么？"的高考被顶替舆情事件，我们从一开始就会因为自己曾经参加过高考，家人也将赶赴高考等原因，非常积极主动地参与话题的讨论，为的其实就是生怕哪一天被冒名顶替的事件会降临到自己家人的身上，这就是典型的角色共情。然而，角色共情常常会让我们情不自禁地偏离理性审视事件来龙去脉的客观视角，并且十分自然地把自己摆到发帖人、爆料者的立场上，在强烈的"如果今天被冒名顶替的是我"这类主角联想中，迫不及待地发表自己的观点和意见。这种情况下，我们发表的观点会倾向谁、矛盾会针对谁可想而知，我们对此也很清楚，但却很少有人会去及时纠正。也就是说，那些一看到网曝信息就义愤填膺为发帖者打抱不平的人，可能并非真的想为发帖者鸣不平，而是担心发帖人爆料的事情保不准哪一天会降临到自己头上。

　　事实上，人们在网上爆料时，会有意无意地淡化那些不利于自己的信息，同时也会故意加重或渲染那些对自己有利的信息。这也再次印证了心理学中的"自我服务偏见"的理论：人们会不自觉地夸大对自己有利的信息，而忽略掉对自己不利的部分，这是一种普遍性的社会心理。也就是说，我们往往会义正词严地谴责对方"这都是你们的责任"，却不会说"我在其中可能也应承担某种责任"。比如，前面讲到的网上发帖控诉曾遭遇"高考替考"这样的冤屈，发帖人难免会有意无意地忽略部分信息，没有讲全部的实话。然而，很多围观网民不愿意等"子弹飞一会"就迫不及待地声援，并非真的是要为发帖人讨回公道，而是担心如果这次高考被冒名顶替事件不能迅速冲上热搜，形成一股强劲的舆论力量来还当事人一个清白，那么后续这样的事情降临到自己身上的概率就会大大增加。这才是高考被冒名顶替的舆情事件会迅速发酵的深层次原因。

因此，像高考被顶替、在学校遭遇霸凌这样可以令人广泛共情的话题，都会让大众本能地滋生出许多"受害角色"的代入联想，再加上"宁可信其有，不可信其无"的心理强化，难免会让舆论偏离正常讨论方向。这提醒我们一定要对充满共情的舆论话题保持充分的敏感和足够的警觉。

二是出现了明显的道德亏欠。前面我们讲过，在互联网舆论场，任何违背社会伦理、道德准则的事情都会引发广泛而激烈的话题争论，这是因为当现实法律、规则无法就道德伦理问题给予符合民意的实质性惩戒时，舆论就会出现"补偿性"反制。

比如，因为受害者的帮助，一个人成功避免了被犯罪者施暴的遭遇，而帮助她的受害者却因为没有得到有效救治而不幸遇难。原本这个人应该对受害者心存愧疚，对受害者家属心存感激。然而，当人们看到这个人对受害者不屑一顾，对其家人不管不问，甚至还通过私信等方式嘲讽受害者家人"这是受害者自己的行为，与我无关"，而现实法律又拿她没办法的时候，人们就会对受害者及其家人产生额外的道德亏欠感，即便这不是因为自己造成的，也会理所当然地认为自己应当站出来，去为无辜惨遭毒手的受害者及惨遭嘲讽折磨的受害者家属伸张正义。这就是很多情况下，舆论试图要让这个人"社会性死亡"的深层次原因。

微博舆论产生的这种道德亏欠感还不止表现于此，也常常出现在一些舆论宣传中。比如，一个人因为工作表现出色而被选树成了正面典型，媒体给予了大幅度的宣传报道，但这个人在男女关系、为人处世、生活嗜好等私生活方面存在一些问题，这时候也容易引发舆论风波。事实上，"私德是私德，功劳是功劳，不能相互否定，互为因果""不能用私德去抹杀这名榜样的逆行事迹"这样的基本道理，人们不可能不懂。但是，大家依然会支持对这样的正面典型质疑、批评，这是因为大众的道德潜意识里已经将私德品性融入了我们对舆论道德的评价体系当中。在绝大多数人的观念里，一个连自己私德品行都管不好的人，根本不配成为先进典型，因为我们总是担心，如果把私德品性存在问题的人树成了榜样，他很可能会带坏整个社会的风气，大大降低社会对道德要求的共识标准。这同样提醒我们：要把具有强烈道德标签的舆情作为关注重点，提前就相关情况开展针对性的线下信息核查，随时做好应对突发舆情的准备。

三是涉及一些具有强烈标签性的群体。互联网舆论注重平民视角，侧重情感传播，意味着女性、老人、孩子这些群体更容易引起公共舆论的关注。例如，同样一起车祸类舆情事件，如果被撞身亡的是一名未成年人，事件引起的话题关注度和情绪激烈度会明显高于成年人，这是因为未成年人被撞更易引发舆论的同情。也就是说，当我们发现舆情事件的主角是老人、未成年人或女大学生时，就要引起足够的重视。我们前面已经讲过，每个人发帖都会有意无意地淡化"不利于自己"的信息，反过来也会本能地强化"有利于自己"的信息，如果再加上群体性的共情标签，失真信息就更容易被人们采信。我们可以想象，公众基于失真信源得出的"偏性判断"难以避免，再加上营销力量、情绪主义等因素的干扰，舆论不断走偏也就变得"顺理成章"。

另外，对拥有各自独特价值认同的群体也要将其作为重点加以时刻关注，这是因为在独特价值认同潜移默化的影响下，这些群体的思想言行往往会出奇地统一，现实行动也会十分的一致，具有很强的成员号召力和行动组织力。以现在很多头部流量明星的粉圈为例，他们甚至可以"10分钟之内把一个话题顶上热搜"。他们内部的管理模式也让人大吃一惊，有的甚至用上一些令人叹服的数字化手段，比如开发 App，通过分发控评、刷赞等任务来对粉丝群体内部进行精准的绩效考核，职责分工十分明确，网上步调十分统一。

仔细观察可以发现，这些群体往往与一般的社会社团、社会组织不同，其宣扬的独特的价值追求往往不被世俗理解。也正是因为如此，他们对内往往非常团结，而对外则会异常警惕，表现出十分明显的"群内抱团，群外排异"倾向，这种紧紧抱团的群体本能会让他们在群体内部得到空前的认同感和获得感，产生出类似"我本就属于这个群体""他们才是我的家人"这样的认知，一旦外围人群表现出背离他们价值认同的认知和判断，他们便会群起而攻之，甚至不惜制造出一些具有破坏性的网络舆情。

二、强社交属性赋予微信特殊的舆论平台优势

当然，如果说微博是媒介属性强于社交属性的话，那么微信则刚好相反，社交属性要远强于媒介属性。这就是说，大众为了照顾自己与领导、同事、好友、同学之间的社交关系，在"朋友圈"和"群"内对一些容易引发彼此争论的公共话题保持"观点静默"。这是一个很现实的社会问题，我们都生活在这个充满各种复杂关系的社会里，总会受到来自方方面面的现实压力，并不总是能活成"我们想活成"的自己。舆情信息在微信平台的传播也会受到这些因素的影响和干扰，不会像在微博上表现得"那么真实而直接"。舆情在微信层面的反馈会更容易"趋同"，传播也更容易"单向"，争论并不会那么激烈。微信虽然也能反映出人们对于舆情事件的真实想法，但可能只是一小部分，而非全部。

对此，我们需要通过一些针对性的分析，来了解和掌握基于微信平台传播的舆情信息有怎样的特点，以便在处置应对微信舆情时变得更加游刃有余。

一是微信的地域特性十分明显。微信关系的建立比较依赖于同事、好友、亲戚等传统社交网络，大家基本生活在同一座城市里，基于这些要素建立起来的微信社群、朋友圈具有比较明显的地域标签特征——对所在区域内发生的热点事件会表现出较高的关注度和讨论热情，但对非所在区域发生的事情则往往会漠不关心，这是因为人们只会对所在区域发生的事情产生比较强烈的话题代入感，对非所在区域内的事情则不会

有这种情况。

二是微信的线上线下关联度较大。由同事、好友、亲戚这些强社交关系构建起来的微信社群和朋友圈，因为拥有共同利益、共同动机而形成"利益共同体"的概率要比微博高出很多，对线上舆论引向实际行动的动员转化能力要更强，这是由微信特有的强关系属性所决定的。比如，前些年，抵制PX项目、垃圾焚烧项目、移动信号基站建设等群体性事件在一些地方发生。梳理总结后发现，微信社群在其中扮演了十分关键的群体动员角色，因为这种由"共同利益""共同诉求"而建立起来的各种微信群，只要群主发表一些带有动员性措辞、煽情性鼓动言论，很容易由单纯的网上发声转化为线下的实质性行动，如集体信访、聚集抗议等。

因为大家都有一致的利益诉求，而且大家都很清楚"参与人数越多，对自己的影响就会越小"这个道理，所以只要有人在群内发起能代表全体成员一致利益的行动倡议，就会有人报名参与，相互鼓动，相互打气，相互动员，加上大家都住一个城市、一个小区这样的近关系影响，无形之中也增加了社群成员参与线下行动的转化率。这就是我们一定要把舆研风险评估作为制定实施重要决策、开工建设重大项目前的必要工作的原因。

三是微信内容的前期传播处于"隐匿"状态。我们知道，微信群讨论，朋友圈分享这种传播方式相对封闭，并不容易在第一时间被发现，舆情传播存在"阈值"现象，只有事件的传播达到了一定的数量级，才会进入大众视野，成为可被察觉的"显性"舆情。也就是说，我们或许以为舆情才刚刚发生，而实际上信息已经在微信社群中传播了相当长一段时间，这也就给后续的处置应对工作带来了容易错失第一处置时间的现实难题。

在这种"隐匿"传播的掩护下，微信中的舆情信息很容易出现"传播失真"，前面章节已经有过相关论述，因为每个人都会根据自己的理解、偏好、认知，对自己得到的信息进行再筛选、再理解、再判断，从而将信息包装成自己认为对下个受众最有说服力的"样子"。比如，人们会因为对确诊发病病例、无症状感染者、密切接触者、次密接触者之间缺乏医学区分知识，而将"次密接触者"传成"密切接触者"，将对"密切接触者"的隔离传成"已经发现了'确诊病例'"，之所以这么做可能仅仅是为了尽可能地引起他人的重视和关注。

另外，在微信中传播的失真、存伪、虚假信源，并不会像在微博中那么容易及时得到辟谣和澄清，它要顽固很多。同样一个失真信源，微博自带的广场效应会让其在很短的时间内得到来自四面八方的针对性辟谣和反驳，发帖人和传播者也会很快被贴上"造谣传谣"这些辨识标签而遭到舆论的一致谴责。然而微信的情况则不同，一来大多数人都会顾及朋友、亲人、同事等社交关系，有时即便明知是虚假谣言也会保持"沉默"；二来微信社群本就有着很强的"圈层"属性，共处于一个网络社群的网民，容易表现出"传播从众"的一面，这可能就是那些曾被辟谣千百次的"不转不是中国人""是中国人必转""惊！转给身边好友""注意！内部大揭秘"谎言谣言至今仍在一些群体中具有较大传播土壤的原因。

三、信息茧房效应日益显现

除了微博、微信，抖音、知乎、小红书这些日益兴起的互联网平台也有其独特的优势和特点，同样也需要我们加以深度研究和精准分析。

一是大数据分析下的算法推荐。你以为看到的是世界的全部，事实上不过是这些平台想让你看到的样子而已，这是大多数业内人士对当前那些凭借算法推荐优势吸引用户下载、使用的互联网平台的共识性判断。也就是说，立场不同、文化不同、兴趣不同、地域不同、阅历不同的两个人，即便是在同一个时间打开同一个应用软件，看到的信息也可能完全不同，这是因为你在登录微信、微博、QQ等个人隐私账号时，往往已经授权平台可以获取你的实时定位、相片相册、浏览记录等大量带有隐私性质的虚拟数据，通过这些虚拟数据，平台就可以对你的性格特点、兴趣爱好等进行较为精准的模拟"画像"，并且根据"画像"的结果来选择性地在平台端的推荐页面呈现出平台认为你可能会感兴趣的信息，以便尽可能地抓住你的眼球，增加你继续使用这个应用的信心。

比如，当你刷到"扶老人被讹"新闻时进行了较长时间的停留，平台就会默认你可能对这类新闻比较感兴趣，你下次登录时平台会推荐另外一个类似"扶老人被讹"的新闻，如果你再一次进行了停留，那么接下来就会看到越来越多的类似新闻。久而久之，"扶老人会被讹"就会被植入你的潜意识，"扶老人就一定会被讹"成为你想当然的潜在判断。

算法推荐造成的影响可能还不止于此。它们会通过对你实时定位、浏览记录、网购历史等各方面的数据分析，来对你实施较为精准的"虚拟画像"，包括你身处哪个城市，你的日常活动半径是多少，你身处于哪个消费阶层，你的兴趣爱好有哪些……然后再根据这些数据来为你量身定制各类信息，以尽量迎合你的生活习惯、职业习惯和消费习惯，让你"欲罢不能"。

二是注重情景式体验造成的视觉刺激。5G的大背景下，人们对视觉冲击、情景体验的需求日益增加，创设唯美情景、加注背景音乐、美化主角形象这类能全面迎合用户精神需求，充分激发用户想象的独特设计，是当前新兴互联网平台受到广大年轻用户喜爱的主要原因之一。比如，抖音以二次编辑创作、自动生成作品等音乐式体验方式激发用户的参与热情，展现出了平台非凡的用户黏力和对信息的二次传播力；小红书则以充分鼓励用户积极分享打卡体验为产品特点，通过内置一些能改造唯美场景、塑造美颜的"滤镜"设计，来为那些已经入驻或者有意愿入驻平台的商业营销号提供一个绝佳的流量变现路径，进而牢牢抓住用户，提升平台影响力。

这是因为相比图片、照片、文字这类静态描述的方式，短视频、直播的视觉冲击会让人印象更加深刻，并且可以快速地带你进入"主角"场景，进而产生强烈的情感共鸣，这很符合互联网舆论的传播规律。比如，美颜"滤镜"会让你的颜值瞬间提升，唯美的场景设计能让人快速梦想成真，这些都会让人在虚拟空间里获得巨大的精神愉悦感，进而对其爱不释手。但这些看起来无关负面舆情的生活娱乐平台也会给我们带来一些舆情层面的麻烦。比如，在没有说明任何前因后果的情况下，就播放一段"便衣警察街头制服犯罪嫌疑人"的"三无"视频（无明确地点、无人物说明、无具体时间），再配上"万里长城永不倒"这种带有情绪动员倾向的背景音乐，很有可能会误导那些不明真相的网民，令其产生"欺压弱者"这类观感印象，于是便跟着这段视频的始作俑者进入疯狂吐槽模式，更要命的是，相关单位又恰恰缺乏及时有效的地面核实手段，这让整个处置工作陷入十分尴尬的两难境地。遇到这种情况，有一种方法较为有效，即在密切关注这些新兴平台的同时，定期不定期地实时收集和及时下载那些与你部门业务有关的谣言视频样本，并将真实情况加以文字概要描述，组建一个专门针对此类舆情信息的样本数据库，在遇到这些谣言视频出现时，可以及时地拿出来辟谣澄清。

三是对不同立场、不同年龄、不同爱好的人群进行分层。前面章节已经讲过，我们总是会根据自己的政治立场、社会经历、价值追求等特点选择和自己相近的人组成属于自己的圈子，并且还会表现出十分明显的"从众"倾向。互联网平台也有这样的特点，比如QQ空间的用户主要集中在15～18岁，以初高中生较为普遍，关注领域以运动、追星、爱情这样的青春话题为主；知乎平台的用户则更倾向于学历较高的群体，话题也以分享知识、普及知识、解答问题为主；抖音在娱乐、生活、吃喝、电影等生活资讯方面倾向性较为明显，用户多用它来消磨茶余饭后的碎片时间。在这样的互联网平台作用下，人们再一次基于上面这些因素被进一步分层和分众，在社会层面形成了一个又一个年龄圈、立场圈、兴趣圈、同城圈、爱好圈，等等。

当然，每个圈层都会有自己的核心文化，每个圈层也都认为自己看到的才是这个世界的主流。因此我们可以想象，一旦不同圈层对于同一个事件的看法存在较为严重的观点分歧和认知差异，那么势必导致舆论层面的激烈冲突，最后很可能因为谁也无法说服对方而不欢而散。长此以往，越来越多的人会变得充满戾气，中性、温和的声音也将变得越来越少，如果不加以针对性地疏导，难免会导致社会思想层面产生较为严重的后果。这些难题恰恰需要我们结合互联网发展趋势，在充分的舆商思维引导下，去积极主动地应对。

———————————

本节重点：

1. 互联网平台是我们生产信息、传播消息、动员受众的宣传媒介。

2. 微博仍是目前最主要的舆情平台，微博的媒介属性要强于社交属性，网民在微博上发表意见往往较为真实而直接。

3. 微信的社交属性强于媒介属性，微信也能反应舆论民意，但只是其中一小部分，而非全部。

4. 茧房效应加剧了社会群体的再分化，需要我们用全新的视角加以分析和研究。

舆情发生

一、舆情发展有规律可循

一般来讲，按照参与舆情的人群特点，可以大致将其分为利益相关人、围观网民、营销账号和干预势力，每个群体参与舆情讨论的动机都不尽相同，在舆情过程中做出的舆论反应也不同。如果按照舆情类别可以分为涉政类舆情、社会类舆情、娱乐类舆情、经济类舆情……例如，P2P暴雷属于经济类舆情，影视明星因为吸毒而导致"人设崩塌"属于娱乐类舆情，领导干部人事议题则属于涉政类舆情。这样的分类看似清晰，但难就难在有些舆情会随着时间的推移、热度的攀升、话题的转移而发生动态变迁，可能前一天还是娱乐类舆情，后一天就有可能变成经济类舆情，对初入这个领域的舆论工作者而言，实操起来并不容易。如果按照舆情平台分，可以分为微博舆情、微信舆情、抖音舆情、头条舆情、小红书舆情、快手舆情……这种分类显而易见，虽然信息内容差别不大，但不同平台围观人群的心态分析、舆情变化方向等却存在着较大的不确定性，研判舆情后续走向较难，需要舆论工作者对各平台用户属性、兴趣特征具有一定的了解；如果按照扩散程度分，则可以分为全网舆情、省级舆情、市级舆情、县区级舆情，但受限于当前数据软件技术的客观难点，我们很难做出及时而准确的判断，也就难以根据不同的扩散层级采取有差别的应对策略。

其实我们完全可以按照舆情发生发展的时间顺序进行针对性的阶段划分，将其分为舆情发生、舆情传播、舆情评论、舆情营销四个阶段。这种分类方法，对于初学者而言，更有实际意义。本节，我们将系统讲解舆情时间规律推演的第一阶段——舆情发生。

二、信源的出现预示着舆情的开始

事实上，任何舆情都是始于信息源的网上爆料，经过新闻媒体、商业平台、意见领袖和普通网民互动传播后，在各个平台上引起了更多人的聚集、关注和讨论，最终成为一起网络舆情事件。也就是说，如果没有事件信息源的出现，即便现实生活中的动静再大再轰动，也不可能引发网络舆情。论坛时代，人们往往会去天涯、凯迪这样的论坛平台发帖，告诉他人自己身边刚刚发生了一件足以引起他们讨论兴趣的社会事件，希望能引起一阵话题讨论热潮；博客时代，人们会通过更新博客分享自己的工作经历、生活体验，以得到一些来自旁观者的建议；到了"两微一端"时代，人们则会通过微博发帖、在微信公众号发文或去客户端留言这样的方式，曝光某个自己认为"不公"的现象，试图借助大众热议产生的舆论力量来为自己讨个说法；如今，在大量可进行信息加工、情感渲染的新兴平台作用下，人们会更愿意，更倾向于通过多平台途径来呈现事件信息，表达观点意见，由此便形成了一个接一个的舆情信息源。

互联网的特性注定了网络舆情的信息源会存在各种各样的不确定性，这主要是因为人们都会出于自己的利益诉求、理解偏好等舆情动机，对自己发布的舆情信息源进行有意识地前置"包装"，刻意渲染和强化舆情信息源中对自己有利的部分，同时尽可能地淡化对自己不利的部分，由此便造成了网上舆情信息源部分失真的现象，有的80%是真的，20%为假；有的50%为真，50%为假；还有的甚至彻头彻尾都是假消息。

三、动机可以影响信源的样貌

动机是影响舆情信源真实性、可靠性、稳定性的核心要素。不同的舆情动机者发布的舆情信源可能完全不同。比如发帖人想通过制造舆情来为自己维权，他们曝出的舆情信源就多多少少地会带上一些能引起人们同情的"弱势"标签，借助一些渲染性的情感语言来尽可能地激发人们的共情心理；而那些想要调适舆论情绪的发帖者则尽量不在网帖中使用过重或过度的情感修饰语言，为的就是最大限度地防止人们受到这些情绪的干扰影响而做出偏离性判断。

当然，并不是说发帖人不能有动机，有动机就是舆情爆料人的一种原罪，而是我们要有充分的思想准备，并且学会正确面对。因为动机往往贯穿于舆情信息发生、发展的全过程，无法根本性去除。动机是心理学中的一个概念，指以一定方式引起并维持人的行为的内部唤醒状态，主要表现为追求某种目标的主观愿望或意向，是人们为追求某种预期目的的自觉意识。动机是因需要产生的，当需要达到一定的强度，并且存在着满足需要的对象时，需要就会转化为动机。

因此，我们可以尝试通过分析发帖人的舆情动机来对舆情信源的真实性做出一些判断。比如，曾有一位女性消费者从受害人角度发微博控诉在酒店的遭遇：凌晨3时赤身男子擅闯其房间并停留数分钟，酒店却只是安排前台和安保人员将男子送回，并未选择及时报警，而当自己想调取视频时，却遭到酒店工作人员的拒绝。

我们不难发现，这位女性之所以发微博控诉，动机不外乎两点：一是为了形成有效的舆论力量，从而严惩这名对其进行性骚扰的男子，结果显示在这股舆论力量的加速作用下，该男子得到了应有的惩罚；二是为了给酒店过于流程化的工作模式施加额外的舆论压力，以此来让酒店管理方及时改变其现有的管理模式，进而更加注重消费者的感受，特别是保障广大女性消费者的人身安全。因此，发帖女住客为了能形成舆论力量，达到预期的效果，便尽可能详细地还原整个事件的经过和细节，比如几点几分发生，涉事男子在其房间逗留多久，酒店工作人员当时是怎么处理的，等等。其目的就是让人们尽快地进入舆情"主角"语境，快速形成一股能促进问题解决的舆论力量。一般来讲，只要这两方面舆情动机不存在什么原则性问题，这种当事人视角的舆情信源趋真度就会很高，这是因为全程细节描述越详细就越容易给人留下挑刺的空间，一旦个别细节存伪被发现，就会成为这股舆论力量形成的阻碍因素，很少有人会这么做。

通过上面的案例，你应该能明白为什么当舆情发生时，我们会先去分析舆情信源爆料者深层次的发帖动机。因为只有尽可能地了解发帖人的真实动机，才能为其接下来的处置应对工作打好基础。一般情况下，舆情动机大致分为利益相关动机、围观人群动机、营销逐利动机和干预势力动机四类。

第一，利益相关动机型舆情信源。这类舆情信源的趋真度相对较高，或许存在针对个别信息进行"利己"的细节渲染，但一般不会去刻意伪造事件信息，因为作为舆情信源的首发人，他们比谁都明白在网上造谣需要付出十分惨痛的实质性代价。事实上，这类舆情信源不难辨认，常常具有下面三方面共性特征。

一是具有较为明显的主角语境。这类舆情帖文绝大多数都会使用"我""本人""我妻子""我弟弟"等第一人称或类第一人称的讲述视角，把自己及亲属的遭遇按照时间顺序一点一点加以呈现，这样可以非常有效地让围观的人们快速进入"如果我也是当事人"的主角语境，对当事人的遭遇产生时空共鸣和情感共情，进而从当事人的角度去思考问题，得出判断，发表观点，最终站到当事人一边，为其维权摇旗呐喊。

二是十分注重对全过程的细节描述。为了能让人们都站到自己一边，发帖人会尽量多地描述事件发生的精确时间、过程细节及演进变化情况，因为在他们看来，描述的细节越多，人们采信进而支持自己的概率就越高，也更容易在网上形成有利于自己的舆论氛围。比如，前面提到的酒店女客人被性骚扰事件，女客人发帖时就比较详细地描述了男子擅闯房间并停留数分钟及酒店工作人员送该男子返回房间并在门口停留数分钟这些可以精确到几分几秒的细节，为的就是让人们充分相信自己到底经历了怎样一个惊魂未定的夜晚，从舆论层面最大限度增加对该男子不端行为及酒店不当处置的外部压力。

三是利益诉求的表达意愿相对明确。利益相关人在网上发帖，为的就是借助舆论形成的力量给对方造成压力，为自己讨个说法，同时获得一些预期的补偿或赔偿。所以，这些舆情帖文即便不会赤裸裸地点明自己的诉求，也会用一些相对隐晦的方式让对方明白，比如使用"事件都过去这么久了，酒店方依然没人来联系""事情发生后，我一直在联系，但店家总是避而不见"这类语言，事实上都是在提醒对方：请尽快联系我，我需要一个道歉，就我相关维权诉求进行商谈。总体来讲，由利益相关动机引发的舆情，只要另一方能积极主动地与发帖人进行充分善意的沟通，并在合理合规的范围内尽量满足其相关诉求，除非存在原则性问题或有其他力量干预，一般都能得到较为妥善的解决。

第二，围观动机型舆情信源。这类舆情信源的"吃瓜"心态会更重些，常以"据说""传闻"这种求证的形式出现，一般不对事件的结论、话题的对错做出带有立场性的判断，也不发表旗帜鲜明的观点，这是因为其发帖的动机可能只是给自己略显沉闷的工作生活增加点趣味和谈资，过早表明立场，过早表达观点难免会让自己卷入舆论旋涡，这不是他们的本意。讲得再直白些，他们只是为了挑起更多人参与话题的兴趣而已，并不是为了自己积极地去参与话题的讨论。他们常常视舆论风向而动，舆论谴责，他们也跟着谴责；舆论质疑，他们也会跟着质疑，这是因为顺舆论风向而行，能让他们获得更多的迎合快感。比如，当国家进一步收紧房地产政策时，这些人就会将房价是否下跌，房地产将何去何从等话题发到微博、社群、朋友圈这些互动平台，希望能有更多人在帖文下讨论，发表观点，而发帖人自己只是站在一旁围观而已。当大多数人感叹房价太高，他们也会跟着感叹"炒房万恶"；而当大多数人都在推荐哪里楼盘会涨的时候，他们同样也会跟着讨论。

这类舆情信源占据了相当高的比重，既没有那么明确的舆论指向性，也没有那么明显的观点针对性，更没有刻意挑起舆论事端的破坏性，只是路人甲基于各自的工作感受、生活压力等原因而发起的舆论"自嘲"而已，虽然有时候看起来难免会有些"负面"，但本质上并没有恶意动机。因此，我们在处置这一类舆情信源时，要报以足够的善意，给予充分的引导，即便部分舆情信源容易被干扰势力利用，后续有可能异化，在预防处置时也应当尽可能地报以充分的理解和耐心的对话。

第三，营销动机型舆情信源。这类舆情信源"再加工""再包装"的痕迹较为明显，常以"客观分析问题"的形式出现，通过一些看似很有道理的论述，给出一个或几个有利于推销自己产品的解决路径，最终完成对自己产品的营销推广。比如，他们会列举市面上存在的针对某个商品的假货问题，提出消费者普遍缺乏甄别这个商品正伪的能力，导致花了大把的钱，却可能只是买了个高仿品，然后给出一个可以快速鉴别真伪的有效方法，当然这个方法只是用来提升这篇文章在读者心中的信任感，再恰如其分地给出所要推销商品的网址，最终引导购买。

也就是说，如何将原本平平无奇的舆情信源经过有意识的加工和包装变成能足够引起他人注意的样子，才是营销账号真正考虑的事情，至于这样的包装是不是会让人们产生误解和误会，或者诱导舆论产生偏激反应，他们完全不在意，这是因为对于他们来讲，如何更快地赚钱在他们心中才是第一位的。于是，制造焦虑和碰瓷热点便顺理成章地成了这些营销账号惯用的包装伎俩。因为比其他按部就班的常规营销路径，贩卖焦虑，制造争议，煽情恐慌总是能快速地占据人们的心理。因此，在处置这些由营销动机形成的舆情信源时，要特别注意将真实信源部分与其中被刻意加工过的部分进行有效剥离，通过及时地辟谣澄清，配以专门的正面解读，来帮助人们形成正确、客观、理性的解读氛围。

第四，干预动机型舆情信源。这类舆情信源多为刻意伪造，虚假成分很高，且主要集中在涉官涉腐涉政这些较为敏感的领域，大多在重要大会、重大事件等关键节点前后集中出现。与营销动机型舆情失真信源不同，干预动机型舆情伪造信源十分夸张，这是因为有时越夸张的事情、越匪夷所思的细节反而越容易传播。比如，捏造私印"同号钞"2万亿人民币这种漏洞百出的舆情谣言，人们往往不会细致地去求证私印"同号钞"2万亿人民币到底需要经历多少环节，需要多少原料，要有多少人配合这些逻辑问题，而更愿意把它作为一种在社群中炫耀的话题加以传播。

这类舆情信源往往具有十分明显的舆论破坏性，会让你很自然地顺着这些伪造信源进行关联猜想，话题暗示，最终一步步进入他们预设的议题陷阱。比如，前些年互联网舆论中出现了一个词叫"爱国贼"，就是由一些干预势力刻意伪造的舆情信源，他们将爱国情感的言论与违法行为的"贼"特征强行组合，通过列举"打砸日系车""打砸肯德基餐厅""打砸乐天超市"这些恶劣的违法行为来引起大众的注意，吸引大众参与讨论，用"打着爱国旗号，干着违法行为"这种看似很有道理的理由，来诱导大众做出定性判断，最终给那些正常发表爱国言论的爱国者都贴上"你们都在干违法行为"这样的负面标签。

实际案例中，处置应对这类舆情十分复杂。这是因为我们还要同时综合评估这些信源可能产生的"逆向传播"风险。例如你认为"这些违法者之所以被定义为贼，不是因为他们发表了爱国的言论，而是他们干了违法的行为""如果要按照这种逻辑，打着医生旗号干着违法行为，就应该是'医生贼'"这样的正面反驳足以消除事件在人们心中的负面影响，但实际上可能完全不是这个样子，因为信源发布者正想趁机加强人们对"爱国贼"这个词的熟悉程度。

四、平台功能的不断拓展也时刻影响着信源的形成

除了前面讲到的动机原因外，当前各类互联网平台赋予每个人的技术制作空间也是影响舆情信源真伪的重要因素。例如，抖音的背景音乐加注、B站的互动弹幕、小红书的滤镜设计都会在无形之中激发平台用户对舆情信源进行再设计、再组合、再改造的兴趣并影响着他们的行为。他们在发帖时常常会加入一些场景联想、情景想象，以让舆论形成更有利于自己发帖动机的氛围。比如，利用抖音可以加注背景音乐的特点，在执法人员做出没收、扣押等行政强制措施时，如果有意识地加入一些节奏感较强的背景音乐，就会很容易让围观网民产生同情弱者的心理，进而对执法行为产生不适感，由此便很自然地站到被执法对象这边。

此外，平台本身功能的逐步分化及舆情信源的路径变迁也是一个重要因素。2009年，微博平台"一家独大"，舆情信源在微博平台内部经历舆情信源发布、舆情发生、舆情传播、舆情评论、舆情营销等各个环节。但随着微信兴起，再到当下知乎、抖音、微视、小红书、快手等大量互联网平台的分庭抗礼、群雄割据，舆情总体特征也在随之发生显著

变化，从之前一个平台可以完成舆情全部演变过程，逐步发展成为当下舆情信源多平台出现、热度多领域叠加的精细化演变态势。比如，在因为"狗咬人无人管""非理性爱狗"这些问题而导致的热点事件中，我们可以发现，抖音、微博、微信群、朋友圈、知乎等各大互动平台都出现了舆情信源，且舆情信源的呈现形式各有侧重，各有特点。抖音平台会更加侧重呈现"狗咬人""狗咬伤路人"这类监控画面，视觉冲击要大一些；微博平台会更加侧重提出为什么狗咬人事件频发等延伸问题，分析事件原因、表达观点的色彩会重一些；而在微信群和朋友圈里，人们更喜欢追问狗主人是何背景，深挖背后黑料的兴趣要高出不少；知乎更为注重狗主人应当承担哪些责任等法律问题，用户对规则的普及意识要强很多。由此便形成了视角不同、侧重不同、诉求不同的多角度舆情信源，无形之中大大增加了舆情的引燃速度、话题的情绪烈度，导致后续的处置应对工作充满挑战。

总之，信源出现是舆情发生阶段的关键特征，是舆论工作者系统分析舆情后续发展走向的开始。这个阶段持续时间不会很长，特别是在互联网社群与人们工作、生活结合越来越紧密的当下。对此，我们需要做的就是通过些切实可行的分析方法，想方设法地去判断信源的真实性、可靠性和稳定性，为后续能够更加有效地应对处置打好基础。

本节重点：

1. 按照舆情发生发展的时间顺序进行划分，可以将舆情划分为舆情发生、舆情传播、舆情引导、舆情营销四个阶段，每一个阶段都各有特点。

2. 我们每个人都会出于自己的利益诉求、理解偏好等舆情动机，对自己发布的舆情信息进行有意识地前置"包装"。

3. 动机可能是影响舆情信源真实性、可靠性、煽情性的核心要素之一。不同的舆情动机，对应的舆情信源可能完全不同。

4. 动机往往贯穿于舆情信息发生、发展的全过程，无法根本性去除，我们可以尝试分析发帖人的舆情动机对舆情信源的真实性做一些有价值的判断。

5. 舆情动机大致可分为利益相关动机、围观动机、营销动机和干预动机四类，其中要特别警惕干预动机型舆情信源。

6. 互联网平台赋予的技术制作空间，平台本身功能的逐步分化及舆情信源形成的路径变迁也是影响舆情信源的重要因素。

舆情传播

一、不同群体对舆情信源的加工不尽相同

信源在网上出现并且相对稳定后，很快就会进入舆情发展演变的第二个阶段——舆情传播。这个阶段，新闻媒体、商业平台、意见领袖、普通网民、干预势力都有可能加入进来，通过口口相传、新闻报道、抱团转发、社群传递等各种方式，将舆情信源尽可能地按照自己理解的样子进行"传播加工"，之后再从自己掌握或擅长的渠道传播出去，以促成针对这个舆情信息的传播热度。

当然，因为立场动机、思想观念、学识经历、社会阅历等复杂因素的影响，各方对舆情信息进行传播加工的角度、方向都会有所侧重，由此产生的舆情传播效果也不尽相同。

首先是新闻媒体。新闻媒体刊发的报道是舆情信息传播过程中非常关键的一环，往往决定着事件后续舆论的热度分布和形势走向。比如，2021年11月，部分使用"逍遥镇胡辣汤"招牌的商户突然被"逍遥镇胡

辣汤协会"起诉商标侵权，要么支付3万~5万元赔偿，要么每年缴纳1000元的会费，接受逍遥镇胡辣汤协会统一管理，这件事引起了人们对于该协会利用法律空子谋利的广泛质疑。如果没有新闻媒体及时发挥舆论监督作用，第一时间介入报道，将逍遥镇胡辣汤协会面对媒体采访时那套"免费重新培训""规范工艺品质"华丽说辞集中曝光在人们的视野里，恐怕这个协会的这种行为还会继续。事实上，如果没有新闻媒体抓住社会舆论的关注热度，趁机深挖肉夹馍、老麻抄手、"青花椒"等一系列同类问题，及时刊发一些持续性的深度报道，恐怕还有很多无辜的商家至今仍面临类似的遭遇。

不过，如果新闻媒体对舆情信息进行的这种新闻专业主义的加工超过了合理的尺度，就有可能产生不同的舆论效果。比如，当新闻媒体决定报道一起因为对狗管理问题而引起的居民纠纷，如果事件太过于普通，他们就有可能在标题语言、内容摘要、细节讲述等环节进行一些"新闻加工"，以此来增加这条新闻刊发后的舆论曝光度和网上传播力。但需要注意的是，这种新闻加工要有一定限度，不应过度，不能过分，否则就容易发生一些违背新闻初衷的情况。"居民养狗咬人，这个问题如何解？""狗也仗人势？政府官员家狗又出事？"同样都是新闻标题，同样都针对一个事件，但引起的舆论反响则可能完全不同，第一个能够引导人们参与事件讨论，表达各自看法，由此对居民如何合理合法养狗形成一股有效的舆论势能；而第二个虽然足够吸引眼球，但会造成人们对事件关注点出现不同程度的跑焦、失准，反而不太会关注如何理性养狗问题，而更多可能会去讨论养狗人的官员身份及一些仇官议题，这不是新闻舆论的初衷和本意。我们要明白，新闻舆论作为民意的一股力量，是要去帮助和促进问题的解决，不能为了求关注而去求"关注"，这是捡了芝麻丢了西瓜，并不可取。

当然，不同层级、不同层次的新闻媒体也会出于角色定位、专业水平、同行竞争等一些客观因素而表现出不同的"新闻加工"尺度。比如，以新华社、央视新闻及各地党报党刊为代表的权威新闻媒体态度十分严谨，在决定刊发新闻报道时，要对当事人、发生地进行全面核实，确保舆情基本信息的真实性，不会为了过度去追求新闻价值主义而对所要报道的舆情信息进行一些随心所欲的脑补式新闻加工，这是由其政治定位和权威属性所决定的。比如，前些年一街道微信公众号发布文章《春节走访困难户浓浓温情暖人心》，因部分困难户家中疑似摆放高档酒的配图，引发了舆论风波。我们会发现，相比一些商业平台、自媒体使用"震惊！困难户家中惊现飞天茅台""天大讽刺，困难户喝茅台，我却只喝西北风"这类眼球感强的渲染标题，权威新闻媒体在介入这个舆情信源传播时明显要严谨很多，一般都以酒瓶、茶叶这些中性表述为主，极少使用"飞天茅台""冻顶乌龙"这些刺激公众眼球、具有强新闻效果的标题表述。

也正是因为这样，经权威新闻媒体援引舆情信源而刊发的新闻报道要比商业平台、自媒体账号拥有更强的内部压力传导效果。

需要注意的是，随着近年来各地逐步加大新媒体领域的建设投入，加紧加快了融媒体建设进度，都市系媒体作为权威媒体的一个延伸分支，开始在微博、微信、抖音这些新媒体平台上注册账号，活跃度、影响力、传播面与日俱增。相比传统的日报系媒体，这些都市系媒体及旗下注册账号对舆情信息的新闻加工尺度要更大一些，表现方式也相对灵活一点，原本稀松平常的新闻信息也会变得更有故事情节，更有想象空间，更活泼有趣，也更能引起人们的讨论兴趣。

只有经过专业的新闻加工，才会把舆情信息呈现得更加立体，更加可读，才能引导更多人一起参与到话题的讨论中，进而引起更广泛更深入的社会性思考，最终将其转换为一种正向的舆论势能，去帮助和促进一些民众反应强烈的现实问题得到有效解决。然而，现实情况也有不尽如人意的地方，一些地方的都市系媒体及旗下注册账号为了能快速地提升自己在网上的受关注度和对舆论的影响力，以便在最短时间里抢占互联网舆论这个"江湖地盘"，通过过度设计细节，过分制造争议这类非常规方式，伪造失真信息、捏造额外细节。这大大超出了合理加工的范围，在同行之间也形成了"抢流量、抢时间、抢眼球"的不良竞争氛围。比如，前些年出现了一些商业媒体在刊发医患关系新闻报道时，为了抢新闻、抢头条，没有向专业人员求证专业信息，而单方面引用受害者家属"赤身裸体躺在手术台""医生护士集体失踪""产妇满口鲜血，眼含泪水"等多个未经证实的想象细节，在潜意识中给之后参与事件围观的网民植入了一些充满邪念歪念的脑补画面，虽然一定程度上让舆情事件受到了舆论关注，但却对广大医护人员造成了事实上的负面声誉影响。虽然这些年在国家的大力整治下商业媒体及自媒体账号有了根本性好转，但依然要时刻引以为戒。

其次就是商业平台。商业平台对舆情信息的新闻加工则显得更加"赤裸裸"，这是因为资本逐利的本性会让他们非常主动地去对一些原本平淡无奇的舆情信息进行加工包装，以便能够最大限度地产生"眼球效应"，最终让其成为能够充分调动人们讨论兴趣，激发话题参与热情，争相表达个人观点的轰动性热点。比如，对于一些社会热点新闻的转载报道，一些商业网站为了突出这个新闻在传播面上的效果而使用一些能够引发人们广泛联想，制造话题冲突的标题语言和排版语言，通过断言、对比、反复、暗示等一系列心理话术，来让这个社会热点新闻在经过自己的转载推送后，获得更高的点击率、传播量，而他们之所以这样做，主要源于商业平台的商业本能，因为只有尽可能地提高自己的传播影响力，才能增加自己在广告业务、商业合作方面的报价。

现实中的舆情案例说明，无论是新闻媒体还是商业平台，都会出于新闻专业主义的本能而对舆情信息进行自己认为合理尺度以内的新闻加工，以让其看起来更富有新闻价值，更能产生舆论层面的传播效果。当然，这很大程度上是因为长期以来，深受新闻价值主义熏陶影响的专业本能在不断地告诉这些从业者，如果不能引起足以产生舆论轰动性反响的影响效应，就难以形成舆情热点的现实压力效果，也就难以倒逼一些现实问题得到快速而有效的解决。

在他们看来，为了产生足以轰动的舆论效果，即便使用一些具有争议的非常规手段，也是可被社会理解的。相比而言，商业平台更加直接，资本逐利、流量至上的传播本能已经注定了他们会为了最大限度追求舆论的轰动效应，而将舆情信息深层次的内在因果逻辑、新闻专业伦理这些更为重要的东西抛到脑后，甚至还有可能使用刻意误导、煽情渲染的非常规手段来人为地制造具有争议性的话题或是刻意地制造出让自己"声名远播"的舆论事件。

这样的情况经常出现，我相信很多人也已经习以为常。这还只是那些拥有新闻专业主义素养的新闻媒体，因为即便是以流量逐利至上的商业平台也会鉴于媒体从业者的基本伦理和商业网站声誉而有所收敛，但以意见领袖为代表的自媒体情况则可能完全不同。他们不受任何新闻伦理的束缚，传播情绪化、思维简单化、断言轻易化是他们的本能，也是他们的特点，只要没有触及法律的红线，一切都会被他们拿来作为舆情信息进一步传播加工的手段。比如，脑补各种想象细节，猜测各种情景语境，进行各类想当然的论断，他们对于舆情信息的传播加工，更像是取决于自己的立场喜好和选择偏好而做出的拍脑袋决定。比如，2016年2月，一篇讲述"上海女孩逃离江西"的网络帖文《有点想分手……》持续引发网络关注，经大量媒体、网站、网民传播后，引发了广泛的讨论，最后甚至演变成了一场撕裂"城市与农村""富裕与贫穷""爱情与金钱"的公共舆论事件。然而，这个舆情事件的真相竟然是一个微博用户出于猎奇、博眼球等动机，将道听途说的小道信息，按照自己的想象、自己的理解、自己的偏好、自己的推断，加入大量脑补式的情景联想，而写成的一篇完完全全虚构的"网络微小说"而已。

虽然这个事件只是一场闹剧，但我们仍要明白而且要保持足够的清醒，很多人之所以对此信以为真并一度深以为然，并非因为这些人很傻很天真很好骗，更多的是因为作者对舆情信息进行的"脑补加工"并非全都子虚乌有。也就是说，这篇完全虚构的网文一定程度上说出了当时很多人的心里话，而人们在参与转发、评论互动这样的舆情接力中获得了一些精神上的慰藉和心理上的满足。

这其实是在变相地告诉我们：舆情传播的广度和热度事实上与整个社会的真实心态息息相关。什么样的社会心态，就会形成什么样的传播土壤，就有可能让自媒体账号嗅到迎合大众心理的流量商机，进而发布相应的舆情信源。

二、意见领袖的言论代表了背后群体的集体意志

这里，我们不能不提意见领袖在舆情传播中扮演的角色和起到的作用，这对于我们进一步理解网络舆情的传播机理至关重要。意见领袖人群的产生是新媒体舆论去中心化、交互性传播特性的必然结果，在微博兴起的2010年前后，一些学者、演艺明星、电视主持人、政府官员从中脱颖而出，成了第一批意见领袖。

然而我们需要注意的是，虽然表面上看起来意见领袖的观点代表着他个人的意见，但深层次来看并非如此，有可能代表其背后一定范围群体的集体意志。比如以极力反对转基因而在微博舆论场中声名鹊起的那些意见领袖，表面上看起来是这些人发表了反对转基因的观点，并且影响了他们的很多粉丝跟着一起反对转基因，但与其说是他们以意见领袖之名高调"反转"而影响了一批他们的追随者，倒不如说是一群极力"反转"的人在通过支持他们的各种"反转"言论，向舆论表达着这个群体的"反转"意志。

不是意见领袖主动影响了社会群体，而是因为迎合了某个特定群体的集体意志，他才能成为意见领袖。这是因为当影响通过某种感染性过程传播时，产生的结果更多地取决于网络的整体结构，而不是引发传播的个体特征。例如，一个被医疗界视为医护群体代言者的意见领袖，如果有一天他不再替默默支持他的医护群体发声，那么医护群体就会选择支持另外一个能代表他们集体意志的意见领袖。

　　这里其实有一个大众需要正视的舆论事实：主导舆论的影响力并不是由一小部分意见领袖完成的，而是由他们背后代表不同立场、不同群体利益、不同价值追求的一个个不同群体共同完成的。如果哪一方的意见领袖在舆论博弈中取得了压倒性优势，就说明这个意见领袖背后的群体具有更强大的集体意志，并且已经成功地转换成了舆论的主流意志。这可能就是不同的舆论时期意见领袖的群体分布会不同的原因。

　　如果大众能从这个角度去分析现在的舆论形势、舆情信息的传播路径，或许就能看得更加明白，了解得更加透彻。很多时候，意见领袖只是舆情信息的面上带头人，他对舆情信息在传播路径上的"情绪加工"尺度很大程度上取决于其支持群体的集体意志和情绪变化，如果支持他的人思想偏激，那么他对舆情信息进行的情绪加工的痕迹就会更重一些。比如，由逻辑思维简单、排异立场严重、情绪表现偏激的人群选出来的意见领袖或发声者，在针对是否过圣诞节、万圣节这些洋节话题或传播有关洋节舆情信息时，就会为了迎合支持者们简单、粗暴、偏激的排异心理而去有意识地加注一些煽情性很强的背景音乐，标注"过洋节就是卖国贼"等字眼并进行持续的观感渲染，为的可能只是得到背后支持者们更大范围的转发和更大力度的支持。

　　了解了这些，你可能就会明白为什么这些意见领袖甘冒被谴责、被打脸的声誉风险，也要对一些舆情信息做违背其本意的渲染加工，这是因为相比舆论声誉的损失，其背后人群的坚定支持和大力转发显得更为重要，只有这样才能给他们带来更大的社会影响力和流量利益。也就是说，如果没有背后支持他的群体，理论上来讲，即便是最具影响力的意见领袖也不会产生太大的舆论影响。

三、普通网民十分容易受到影响

相比充满复杂动机的意见领袖，普通网民针对舆情信息的传播心理则要纯粹很多，不过他们对舆情信息的注意力倾斜和传播热情是有条件的，不是所有的舆情信息都会引起他们的注意，都能让他们有兴趣去帮助传播。一般来讲，只有当舆情信息符合他们的三观立场，贴合他们的兴趣爱好，可以帮助他们释放情感，并且还可以让他们拥有自由发挥各种想象空间的时候，他们才会产生足够的兴趣去关注，去加工，去讨论，去传播。具体而言，越夸张越传播的现象十分符合心理学中关于自我服务偏见、选择偏好、类"多米诺"传播心理的理论阐述。人们总是喜欢加入各种脑补细节和情节想象，并按照他们想象的样子去进行互动传播。虚假信息的始作俑者就是利用了大众都喜欢脑补想象的传播特点及普遍存在越夸张越能激发传播喜好的大众心理，通过鼓励、暗示等心理话术不断引导人们去想象，去加工，去传播。然而十分要命的是，普通网民在加入这种虚假信息的传播队伍时，往往不会去认真考虑所传播的信息是否符合常识，是否符合现实，是否符合逻辑这些深层次的问题，而是更愿意跟着感觉走，跟着想象走，这是因为在枯燥、死板、压抑的现实压力面前，他们更需要这种充满脑补想象空间的谈资来调剂生活。在这些因素面前，什么事实、什么常识、什么逻辑都可以排在后面。也就是说，对于大多数参与舆情传播的普通网民而言，究竟是不是事实其实根本无关紧要，他们更为关心的是能不能在参与互动传播信息的过程中找到吐槽赚钱不易、感叹养家艰辛、宣泄生活压力的情绪共鸣，这才是他们乐此不疲，有时即便明知可能是假消息也甘愿帮助传播的深层次原因。

总的来说，新闻媒体、商业平台、意见领袖、普通网民，每一个不同的角色都会出于自己的原因选择性地参与舆情传播，这是舆情发展演变的客观现象。舆论工作者只有尽可能地把握大众的真实想法，才能对舆情进入传播阶段后的信息加工、信息变化做出尽可能全面、准确的分析判断，以为后续舆情处置应对工作提供一些有用的参谋依据。

本节重点：

1. 舆情信源形成后，很快就会进入舆情发展演变的第二个阶段——舆情传播；受立场动机、思想观念、学识经历、社会阅历等复杂因素的影响，各方对舆情信息进行传播加工的角度、方向都会有所侧重，产生的舆情传播效果也不尽相同。

2. 在固守新闻价值主义观念的媒体看来，那些平平无奇的舆情信息，只有经过一些有意识、有针对性的"新闻加工"，才会具有他们认为的新闻传播价值，才有可能在后面的舆情传播中产生舆论影响效果。

3. 资本逐利、流量至上的传播本能注定了商业平台会为了最大限度追求舆论的轰动效应而将舆情信息的内在因果逻辑、新闻专业伦理这些更为重要的东西抛到脑后，甚至还会使用一些刻意误导、煽情渲染的负面舆论炒作手段，人为地制造争议性话题或是刻意炮制舆论事件。

4. 意见领袖的产生是新媒体舆论去中心化、交互性传播特性形成的必然结果；不是意见领袖主动影响了社会群体，而是因为迎合了某个特定群体的集体意志，他才能成了意见领袖。

5. 普通网民对舆情信息的传播心理十分纯粹，但他们对舆情信息的注意力倾斜和传播热情是有条件的，不是所有的舆情信息都会引起他们的注意，都能让他们有兴趣去帮助传播。

舆情评论

一、舆情评论出场预示着舆论共识将很快形成

舆情评论是舆情发展演变的第三个阶段，关系着舆情最后会形成什么样的评论共识，事关舆情事件的最终舆论定性，是舆情形态向舆论形态转变的关键阶段。

具体来讲，就是当舆情信源出现并经过新闻媒体、商业平台、意见领袖、普通网民等各方舆论角色分别加工、传播后，会在互联网舆论场中吸引与之相匹配的注意力聚集，引起广泛的话题讨论。

这个时候，无论是新闻媒体、商业平台，还是意见领袖，抑或普通网民，都会通过公开发表一些针对事件的看法来集中释放一些他们内心深处的真实声音。这是舆情发展演变进入评论阶段的主要表现形式。

因此，我们常常会把舆情评论作为分析社会真实民意的主要舆情样本。相比于其他民意心理测试，舆情事件中的评论虽然也充满个人情绪主义色彩，但往往十分真实也最为直接。

通过分析舆情规律演变中各方的评论观点，不仅可以动态评估我们一些正在进行的工作是否顺应大势，能否赢得人心，而且还可以为我们及时纠偏纠正工作方向，快速调整工作方式提供十分必要的民意参考。比如，一个社会热点快速形成后，我们完全可以通过定向收集网民对这个社会热点的评论样本，大致对这个社会热点在舆论层面的评价、认知和共识做出一些相对精确的分析和判断，进而为我们下一步的处置提供一些可供选择的参考路径，尤其是如何澄清人们对这个热点事件已经形成的错误认识，如何成功化解舆论层面已经形成的对抗情绪，如何引导人们用正面、客观、理性的态度看待热点舆论暴露出的深层次问题等。

二、不同角色刊发不同信号的评论

与前面几个舆情阶段分析类似，新闻媒体、商业平台、意见领袖、普通网民都会出于自己的立场、理解和认知，有选择性地表达自己认为正确或应当引起广泛讨论的评论性观点，这便构成了舆情进入评论阶段后的主要舆情形态。

对于新闻媒体而言，及时针对舆情热点事件发表评论性观点是新闻媒体充分发挥舆论监督作用，进一步帮助涉事主体厘清责任问题，进而提出一些解决方法的重要参与方式。这是因为热点时评文章可以有效配合已经刊发的新闻报道，在舆论层面形成一股强劲有力的舆论接续势能，以引导公众进一步形成客观认识问题、理性看待问题、帮助解决问题的舆论氛围。

不同层级的新闻媒体刊发的评论对舆论的影响也会有所不同。以新华社、央视新闻为代表的权威央媒的评论在信号释放、压力传导、事件定性方面要更重一些，这是因为这些新闻媒体刊发的评论往往会让人们产生"这是同层级党委立场、态度"的舆论观感。比如，老人在小区遛弯儿时被两条大型犬咬伤，属地媒体民生监督栏目多次刊发新闻报道仍不见问题得到有效解决，引发了社会舆论的广泛关注。我们就会发现，当《人民日报》、新华社等权威央媒相继刊发《作风之弊、作为之垢该检修》《五问安阳狗咬人事件，小事为何被拖大?》这些针砭时弊的评论文章之后，社会舆论层面对于当地有关部门可能存在的推诿扯皮、懒政惰政方面的内外舆论压力快速形成，并且开始逐步转变为开展内部教育整顿的实质性工作压力，权威媒体起到了"一锤定音"的作用。

相比商业平台、意见领袖和普通网民，权威新闻媒体刊发的有关舆情事件的评论，在把舆论外部压力进一步转化为督促涉事部门正视问题，解决问题的实质性工作压力方面更为高效。也就是说，权威新闻媒体刊发的评论文章具有更高的内部压力传导效果，这是由这些新闻媒体特有的政治功能背景所决定的，而与评论文章撰写者是谁本身关系不大。同样一篇评论文章，如果发表在自媒体平台上，可能无人点击，无人查看，无人转发，但如果将其发表在权威新闻媒体平台上，则可能会吸引很多人前去点击查看，转发扩散。事实上，人们关心的其实不是这篇评论文章是谁写的，而是"为什么权威媒体会决定发表这样一篇评论文章""这时候发表这样一篇文章传递了什么样的信号"这些舆论信号释放层面的问题。比如，国家积极出台三孩政策以应对人口老龄化的现实问题引发社会舆论持续关注后，人们就会把注意力聚焦到权威媒体刊发的评论文章上，人们关心的其实不是这些评论文章本身写得如何，而是关心国家出台鼓励三孩政策后权威媒体所发表的评论文章会不会是在有意识地进行舆论"吹风"，接下来会不会对自己生育意愿有影响。

也正是因为这样，人们会对权威新闻媒体在舆情发展演变过程中的评论表现出远高于对其他平台的关注，为的就是能够及时了解官方对舆情事件的立场态度和观点看法，以便可以更有针对性地给出自己的观点和意见，这也贴合我们前面讲的传统媒体自上而下，侧重信号解读的传播规律。事实上，这同时也对新闻媒体有关评论撰写的角度、拿捏的尺度、刊发的时机提出了更高的要求，这是因为一旦权威媒体刊发的评论时机失当，措辞过度，很容易造成公众对舆论信号的错读和误读，会让舆论讨论陷入反复的争论循环，容易引发次生舆情。

不得不说，我们有些媒体刊发的有关社会热点事件的评论并不总能让人满意。一方面是因为评论文章的稿源太过狭窄，一般都是在一些经常投稿联系、平时爱好写作的人员组成的具有兼职性质的评论作者群中通过定期提供热点舆情选题的方式定向约稿；另一方面是因为热点事件的时效周期本身很短，真正留给作者写作的时间并不多，有时候甚至半天就要成稿，交稿，在种种因素的制约下，这些评论作者往往没有充分的时间去了解事件的来龙去脉、舆情特征所反映出的真实社会心态以及如何精准、有效地引导人们以理性、客观的态度看待事件后续发展等一系列问题。这些问题的答案不可能信手拈来，而是需要评论作者真正深入网络一线，去观察，去分析，去研究，最终找到可以精准引导的方法。另外，写评论的作者们也存在"内卷"现象，一些作者为了从众多写作者中脱颖而出，便会采取加重评论文章批判语气的方式来突出自己文章的独特性，进而增加被媒体选中的概率，这可能就是我们总是能看到一些"高高在上""压迫感太强"的评论文章的一个原因，而这恰恰与互联网舆情评论遇硬则弯、遇软而切的引导初衷背道而驰。

近年来，这类评论文章在社会舆论中引发了一些热议，让很多媒体单位开始重视互联网舆论背景下的评论工作，虽然情形有了较为明显的改观，但因为评论文章语气强硬、分寸失当等问题而引起的负面舆情仍时有发生，成为一种潜在的风险。结合社会心理学的视角，经过观察梳理，我们不难发现，这些引起争议的评论文章，无论是标题用语还是文风用词，都是以高高在上、我即正义的俯视姿态示人，但最后都因触及人们的情绪底线而让引导效果大打折扣，有的甚至适得其反。这些现实中发生的舆情案例在反复提醒我们：发表有关互联网舆情的评论要特别注重情绪调适，心态引导方面的技术处理，要想在情绪可能大量蓄积，心态可能严重失衡，对抗立场已经先行的舆论场中说服对方，仅靠空洞无味的口号和一些莫须有的谴责是毫无意义的。

以下是几个比较实用的舆情评论的标准，或许会对你有些帮助，特别是在一些重大事故、重要领域、敏感节点等容易引发观点争论的舆情处置方面。

一是要看文章有没有转变姿态。有些作者太习惯于用"一踩一捧"的方式来体现"众人皆醉我独醒"的俯视评论姿态，通常会用一些带有强烈俯视批判视角的情绪性语言，以集中体现文章观点的政治正确性和动机正义性，这势必会给读者造成十分强烈的道德压迫感。前面我们已经讲过，互联网舆论是自下而上的传播，注重草根视角，侧重情感交流，大众最反感劈头盖脸的说教式批判，文章视角越俯视，结局就越被动，这是因为无论新闻媒体、商业平台，还是意见领袖、普通网民，在不涉及根本原则的问题上，谁也不能说"自己绝对正确"。"我方就是正义"，都只是一家之言。

二是要看文章有没有变"说教"为对话。坊间有言：同样一句话，说得好，能把人说笑；说得不好，能把人说跳。如果转换到互联网舆论语境，就是评论性文章作者要尽可能地使用一些心平气和的沟通语言和对话语言，通过委婉地讲理，温和地说理，给公众提供一个可能被忽略的评价角度，而绝不是戾气十足、我即正义的说教姿态。

三是要看文章作者有没有真的俯身融入网络舆论。在当前互联网舆论大背景下，要让公众愿意听，听了愿意信，是一件非常不容易的事情，这不仅需要评论文章作者具备充分的专业知识和较高的思想境界，还要求作者自己深刻理解互联网舆论的规则，在动笔前先要系统梳理事件为何引爆，如何发酵等舆论背景，做好充分的舆情分析、风险评估、换位思考等准备工作后，再选择合适的切入视角和评论基调，实际上这非常考验作者的舆商水平。

除了文章本身，新闻媒体的编辑也是关键一环。近年来，网上相继出现因不当时评文章而引发的负面舆情，足以说明在当前互联网舆论背景下，我们一些新闻媒体在时评文章作者遴选、审核编辑舆商意识培训、文章内容导向把关等一系列文章生产、编辑、校对环节上还存在一些短板，这都需要通过定期不定期的专门舆商课程培训来加以针对性补足和提升。

相比之下，商业平台的评论文章则会灵活很多，这是因为商业平台并没有权威媒体那么强的政治功能，不用太过担心会被外界解读成为信号试探。此外，商业平台对于舆情事件的选题、文章尺度的把握也自由很多，再加上一些头部商业平台支付的稿费也会比权威新闻媒体高出不少，这也导致很多优秀的作者更愿意给商业平台写评论文章。

然而，即便这样看似双赢的局面，也会带来一些负面隐患，根源还是因为商业平台毕竟姓"商"，逐利的流量本性会让它们尽可能选择那些能充分撩拨大众情绪，试图挑起舆论争端的评论文章加以推送、推荐和置顶。只有文章更加广泛地传播于舆论之中，才能为平台赢得舆论声誉影响力，进而才能将其转换为商业广告的投放价值和联系客户开展商务合作的金钱价码，这几乎是公开的秘密。

如果说侧重信号解读，注重压力传导的权威媒体所刊发的评论文章作用于舆论的着力路径是对内的话，那么商业平台所刊发的评论文章作用于舆论的路径则更像是对外。

也正是因为如此，商业平台刊发的评论文章一般不会轻易放过任何一个可以引燃舆情热度，引起激烈争论的舆情细节，辅以主角代入式的观点渲染和道德批判式的语气语调让一部分持有相同立场观点的人群感受到平台的声援和支持，以此激发他们将文章进一步在互动平台接力传播的心理冲动，最终达到增加平台曝光率、影响力的预期目标。需要说明的是，商业平台的评论一般不会选择站在"强势群体"一方，即便有时候连他们自己都认为"强势一方"占理，但仍然会想尽办法找出"强势一方"在事件过程中可能出现的任何一个瑕疵或过错作为论点论据，进行质疑性批评，这不是因为他们故意想和"强势一方"过不去，而是因为商业逐利的流量本能告诉他们：在道德至上、情感至上的网络舆论场域里，迎合弱势同情的大众心理而获得的流量收益，要远远高于就事论事带来的商业价值。这就是为什么很多逻辑严谨、论据充分、事实全面的评论文章往往没有一味迎合"我弱我有理"这种已经偏离理性轨道的煽情主义评论文章影响力大的深层次原因。绝大多数人并不真的关心这个事情到底谁对谁错，真正关心的只是自己压抑已久的情绪能不能顺势充分释放。比如，执法者与被执法人发生了争执，引发了广泛关注。许多人都会出于前些年舆论对执法人员造成的刻板印象及对被执法者生活上凄苦、悲惨的境遇产生怜悯，在这种感性共情的心理影响下，难免产生支持被执法者的倾向。如果这时商业平台刊发的评论文章再次强化这个先行判断，人们就很可能更加笃定"执法者有罪"这个情绪化的错误判断。但是他们可能没有认真想过，或者没有认真地深入考虑过一个被忽视的问题：商业平台刊发的这些评论文章是不是在刻意地迎合着他们的这种弱势同情心理。事实上，这里有一个十分诡异的"逻辑闭环"：你以为你赢得了舆论的支持，而实际上这不过是为你量身定制的"支持"而已。也就是说，即便执法者不存在主观过错，他们也会想方设法地找出一些细枝末节的瑕疵来为被执法者鸣不平，为的只不过是让你产生"有人在支持你"的错觉，好让你持续有动力将文章转发出去，来为他们赢得他们想要的这些舆论影响力而已。

当然，虽然商业平台的评论会表现出上面这些较为明显的逐利本性和流量本能，但依然还是会与一些不能触碰的"雷区"保持好距离。然而以意见领袖为主要代表的自媒体的情况则完全不同。表面上看，他们发言随意，言论自由，喜欢按照自己的性子在擅长的领域对舆情事件做出自己认为理所当然的评价和判断。前面我们已经讲过一个关于意见领袖的观点：不是意见领袖主动影响了社会群体，而是因为迎合了某个特定人群的集体意志，才能成了意见领袖。事实上，成为意见领袖的好处不言而喻。正是因为如此，在我们看起来相交甚好的意见领袖之间，特别是那些粉丝年龄分布、立场特征、思想倾向等高度一致的意见领袖之间也会产生外界难以想象的竞争，这是因为头部意见领袖和一般意见领袖在政治待遇、账号影响力、商业价值兑现等方面相差太大，很少有人会不为所动，这种情况类似于演艺圈顶流明星与一般明星的区别。也就是说，为了持续巩固自己在粉丝群体心目中的绝对影响力地位，他们有时也会有意识地去发表一些能够主动迎合粉丝群体集体意志的言论观点，尽管这些观点可能并非其本意。

在"人人都有麦克风"的互联网舆论场中，意见领袖发出的舆情事件评论越情绪化，粉丝给予的支持声势可能越大，这样做的结果很可能就是：随着时间的不断推移，意见领袖们会在满是赞誉、支持、声援的精神快感中迷失自己，渐渐地对自己在现实社会中的真实影响力产生过高的错误估计，最终误入被"捧杀"的认知歧途。比如，前些年一个意见领袖在接受央视采访时曾感慨，没想到自己作为一个退休的人关注率比许多官员都大，甚至比部长都大。

需要澄清的是，我们不是说所有的意见领袖都具有逐利动机，也不是说他们对舆情事件的评论毫无可取之处，而只是想提醒大众，即便看起来是意见领袖本人发表的评论，也存在受到上面这些原因的限制而"并非其真实观点"的可能。物以类聚、人以群分，他们当中也会因为不同立场、不同追求、不同思想等方面的原因而出现群体分化的迹象。有的意见领袖对评论尺度的边界意识比较强，明白评论可以进一步影响公众对舆情事件的观点，是舆情事件发生发展到最后定性过程中非常关键的一步，并不会为了单方面迎合受众易怒、偏激、粗暴、偏见等负面情绪而去讨好性地发表一些带有刻意渲染对立，故意制造撕裂倾向的煽情性评论。

比如，2021年8月，一老人不顾相关防疫政策，独自乘坐大巴去外地探亲，多次前往人群密集的饭店、商店、诊所、棋牌室、农贸市场等，造成大量人员感染，一度令其所在城市"停摆"。有边界意识的意见领袖们同样也会狠批老人不负责任的行为，但他们也一定不会发布"号召人肉老人""组团骚扰其家人"这种刻意迎合舆论怒火的煽情性评论文章。但是，有的意见领袖则没有这样的思想认识，在他们眼里迎合受众情绪才最为关键，博取舆论关注才是重点，至于刊发不负责任的评论文章会给社会带来什么样的结果，他们并不在意。这样的舆情案例比比皆是。比如，一些交通事故引起的社会热点中，一些意见领袖为了单方面迎合舆论对"女司机"的偏见，在没有任何依据的情况下，在自媒体平台上发表了诸如"如何评价女司机这一马路杀手""杀手女司机的思考"这些不负责任的评论文章，试图挑起话题冲突，制造舆论热度。

相比而言，普通网民一般呈现出比较明显的"服从趋同群体意志+易受外因影响"的共性特征。服从趋同群体意志，是指在舆情发展演变过程中，每个人都会根据自己的情况进行评论"站队"，即主动检索选出那些符合自己判断的评论，通过社群互动、朋友圈转发、公开顶帖这样的参与方式加以传播。当然，这种用公开方式表达评论"站队"的网民毕竟是少数，大多数网民都会惯性地保持沉默，因为对于他们而言，过于直白的表达观点并不会带来任何好处，反而还容易得罪身边那些持有不同观点的人，得不偿失。易受外因影响，是指普通网民会受到来自身边方方面面信息的影响，观点的形成客观上存在着较大的不确定性和偶然性。一般来讲，大多数网民虽然都会以旁观者的沉默姿态去看待舆情事件中的各种是非曲直，但依然会受到各方观点潜移默化的影响，而在心中做出他们认为客观、理性的正确判断。也就是说，一篇评论文章或许无法改变一个人对一个舆情事件的看法，但如果这样的评论文章持续出现在他的视线里，就难免会对他的潜意识产生一些实质性的影响，长此以往这种潜移默化的影响就会如同癌细胞一样扩散蔓延，直到彻底占据一个人的思想。这就是易受外因影响的普通网民容易被评论文章感染影响的内在形成机制。

舆情评论形成的普遍性舆论共识事关整个舆情事件在公众舆论层面的最终定论，是整个舆情处置过程中十分关键的一环。直到现在还是会有很多人认为：舆情热度熬不过七天，只要像鸵鸟一样把头埋进土里，就能渡过舆论危机。确实，一般情况下，舆情热度不会超过七天，但我们需要明白的是，如果舆情进入评论阶段后，继续因为当事人的主观消极应对而形成了明显偏离事实的舆情评论共识，那么就会成为互联网舆论场中永远的"伤疤"，之后随时都有可能会被翻出来。更为关键的是，它还会持续冲击当事人及所在部门和单位的舆论公信力，直到成为压倒你们舆论声誉的最后一根稻草。这绝不是在危言耸听。

本节重点：

1. 评论是舆情发展演变的第三个阶段，关系着舆论最后会形成什么样的评论共识，事关舆情事件的最终定性，是舆情向舆论形态转变的关键阶段。

2. 分析舆情规律演变中各方发布的评论观点，不仅可以动态评估我们一些正在进行的工作是否顺应大势，赢得人心，还可以为我们及时纠偏工作方向，及时调整工作方式提供十分必要的民意参考。

3. 权威新闻媒体评论文章具有较高的压力传导效果，与评论文章本身关系不是很大，这是因为人们关心的并不是这篇评论文章写得有多到位，而是"为什么权威媒体会决定发表这样一篇评论文章""这时候发表这样一篇文章传递了什么样的信号"这些问题。

4. 商业平台的评论文章没有那么强的政治功能，不用太过担心会被解读成为信号试探，很多优秀的评论作者会更倾向于去给商业平台写评论文章，一来评论文章的发挥可以更加自由，二来还可以赚更多报酬。

5. 表面上看，以意见领袖为主要代表的自媒体发言随意，言论自由，喜欢按照自己的性子和擅长的领域对舆情事件做出自己认为正确的评价，但实际上则是屈从背后群体的集体意志。

6. 普通网民的评论形成机制相对简单，呈现出比较明显的"服从趋同群体意志+易受外因影响"特征，虽然大多数网民会以旁观者的沉默姿态去看待舆情事件中的是非曲直，但依然会受到各方观点潜移默化的影响。

舆情营销

一、热点常常被营销

营销，是企业领域里的一个市场销售概念，大致是指企业发现和发掘消费者需求，让消费者了解该产品进而购买该产品的过程。通俗地讲，就是按照目标客户需求，千方百计地生成符合目标客户喜好、口味的产品内容，以达到最大的市场推介价值。

当然，我们接下去所说的舆情营销，是指一些广告商、营销号、利益者借助舆情经信源产生、传播扩散、评论定性等阶段演变后形成的舆论热议氛围，以一切能够引起人们产生话题关联、标签遐想、情节联想的细节为传播媒介，有意识地在目标产品与舆情热点之间强行制造一些话题关联达到营销目的的炒作手段，这也是舆情热点按照时间顺序发展演变的最后阶段，我们也可以称之为舆情的尾溢效应。

例如，前些年，某旅游城市曾发生宰客事件。一位外地游客前去该旅游城市一家餐馆就餐，在结账时，店家刻意将38元一盘的大虾说成38

元一只，后因派出所"我们管不了"、物价局"等明天处理"互相推诿而引发广泛热议，在舆论力量的助推下，"38元一只大虾""38元大虾"这些带有强烈戏谑意味的词语连续多日占据舆论热搜位置，成了人们茶余饭后的谈资，并在舆论层面形成了十分强烈的标签化印象。这种舆论氛围形成后难免会让一些企业主、广告商滋生借助舆论热点进行商品营销的想法，他们通过一些带上"38元大虾"的策划来增加商品的社会知晓率、舆论曝光度，以期达到预期的广告效果。当时，一些房地产企业就纷纷以"38元大虾"为货币计量单位，在楼盘销售处、街区醒目位置、宣传传单等传播媒介上，打出了"188只大虾/㎡起""77～137㎡三至五个房间，150只大虾/㎡，成交送789只大虾"这样的楼盘营销广告，这就是典型的舆情营销。虽然有违我们的道德认知，但从法律层面进行界定仍存在诸多困难。

这样的营销行为时有发生，我们仍要清醒地面对并且想方设法解决这个摆在面前的现实问题。既然这种营销行为能够这么频繁地出现在舆论中，就说明这里面必然有滋养其生长的市场土壤。这是因为对于绝大多数以营销为目的的营销号、广告商而言，千方百计与现成的舆论热点搭上某种看似顺理成章的关联，不仅可以无形之中增加销售商品、代言产品的舆论关注度和社会知晓率，而且还能让自己的企业、自身的品牌趁机在舆论中"火"上一把。很少有人会拒绝这种看起来"一本万利"的营销操作，这已经成为当下互联网大背景下最省钱最直接的营销途径之一。

二、营销应当遵循事实,尊重道德

当然，我们要认清一个基本事实：舆情营销与平台算法类似，不是一个负面词，而是一个中性词。也就是说，问题的关键不应该是有没有发生营销舆情的行为，而是营销舆情的行为本身有没有歪曲事实，违背道德，只要舆情营销的行为本身没有逾越法律的边界，也没有触碰道德的底线，都应该被理解，因为这可能只是再正常不过的营销方式而已。而我们要做的，应该是尽可能地去把舆情进入营销阶段的机理、规律、因素等方方面面的东西搞清楚，弄明白，只有这样才能抓住事物的本质，帮助我们找到及时纠正舆论方向的有效方法，真正做到治标又治本。

同样，舆情营销也可以按照行为动机分为商业行为营销动机、利益行为营销动机、干预行为营销动机三种。

首先商业行为营销动机主要是指一些企业、商家、广告商为了最大限度增加所要推广商品、产品的社会知晓率和舆论曝光度，人为与正在形成或已经形成的舆论热点制造出某种话题、细节、标签等方面的关联，以实现营销效果最大化。比如，《战狼2》《流浪地球》等爱国主义主流电影热播后，形成了持续而热烈的舆论氛围。这时候，你就会发现一些网购平台上出现了许多售卖与"主角同款"的T恤、手套、鞋子等商品的商家，借助"同款手套""同款T恤"这些能与舆论热点搭上某种关联的广告文案，以尽可能地吸引消费者的关注，最终引导他们下单，这就是典型的商业行为营销。再比如，前些年曾有一个奶茶品牌为了吸引消费者关注，错误地把抖机灵，打两性关系擦边球当作创意灵感，使用

"来买奶茶的美女很多，如果你碰巧认识了一个，你可以小声告诉我们的小伙伴：我捡了一个篓子。"这类带有明显性暗示的语言进行热点营销。究其本质，还是这类营销文案的策划者缺乏对舆情营销行为的边界意识。

这势必会带来一个问题：如何判断一个搭上舆论热点的舆情营销行为到底有没有"犯规"。事实上，法律层面有明文规定的，按照法律规定执行，这是法律部门的事情，无需我们在这里多加讨论。我们要注意的是那些法律层面并没有明确规定或者相关规定还缺乏操作上的司法解释，但已经在舆论中密集出现且明显借助社会热点进行商业营销的舆论边界问题。

我们可以尝试用下面三个案例来论述说明。

案例1：商业保险公司抓住"疫苗案"形成的舆情热点，顺势推出"疫苗险"产品。

案例2：房产公司抓住"38元大虾"的舆论争议推出"多少只大虾一平方米，再送价值多少只大虾礼包"这样的楼盘营销广告。

案例3：美的抓住格力奥克斯隔空喊话的热点，趁机进行"吃瓜式"营销。

毫无疑问，这些热点营销都有十分明显的商业动机，法律层面并没有给出较为明确的惩戒约束规定，或者相关部门在实际操作层面上仍存在客观难点。然而，对于这三个典型的舆情营销案例，舆论给出了明显不同的评价。对于商业保险公司推出"疫苗险"的营销行为，舆论给予了一致的谴责，认为这些保险公司刻意放大舆论的恐慌情绪，推出毫无医学常识的

"疫苗险"产品,是在"趁火打劫";对于房地产企业趁着"38元大虾"舆论热点,打出"150只大虾每平方米起,成交送789只大虾"的营销广告,舆论虽然认为这种营销行为并不可取,却并没有给予太过严厉的指责;对于美的"吃瓜"营销,舆论甚至还鼓励美的继续"吃瓜"。

三、对于违反规则的营销,舆论自有裁决方式

舆论的这种反应,至少说明了一个问题:不是所有没有触碰现实底线的商业行为的舆情营销都会被舆论允许,舆论自有舆论的评价标准和裁决方式。通过分析前面案例的舆论反馈可以得出一些结论,对于舆情营销,舆论的评价标准就是事实、真相、道德和伦理,裁决方式就是通过产生相匹配的舆论力量进行反馈式"补偿",事实上这也符合前面章节讲到的舆论"补偿"规律。

以"疫苗险"舆情营销为例,保险公司推出"疫苗险"产品之所以会遭到舆论的一致谴责,是因为这些保险公司为了达到多卖保险产品的目的,刻意利用了舆论热点形成的恐慌情绪,捏造了"疫苗险"这个伪概念,误导公众以为只要购买了"疫苗险"就能用来规避感染后的风险,然而事实却根本不是他们说的那个样子。

这个案例告诉我们,对于这种事实被曲解,真相被误导,道德被忽视,伦理被抛弃的商业行为舆情营销,舆论的裁决方式往往简单而直接:由此获得多大的关注,之后就有可能造成多大的负面声誉"反噬"。这也在提醒企业家:如果你真的在乎社会舆论对企业的声誉评价,就不要试图去进行这样的风险试探,因为这很可能会成为企业的舆论"污

点"，完全没有必要为了一时的流量利益而白白丢掉多年以来积攒下来的来之不易的品牌声誉。

也就是说，对于有商业动机的营销行为主体来讲，尊重事实真相，敬畏道德伦理，是可以有效避免在舆情营销中发生"翻车"事故的两条基本原则。因为"疫苗险"舆情营销歪曲了事实真相，违背了道德伦理，所以遭到了舆论的一致批评，成了这些商业保险公司永远的声誉"污点"；房地产企业打出的"38元大虾"楼盘营销文案虽然没有刻意曲解事实真相，但也在客观上违背了最基本的道德伦理、职业操守，一定程度上降低了社会舆论对这些企业的道德声誉评价；反观美的围观奥克斯、格力大战的"吃瓜式"舆情营销，美的公司并没有触及事实真相、道德伦理这两条原则底线，即便是之后顾及同行之间的关系自行删除了相关评论，也不需要担心会对其声誉产生多大的负面影响。

利益行为营销动机主要是指一些营销账号、利益相关人为了最大限度地营销自己，做大影响，谋求利益，故意利用热点舆论的关联话题、关联事件、关联人物等标签集中反映自己的利益诉求，做大自己的声誉影响。

比如，2020年8月，黎巴嫩首都贝鲁特港口区发生剧烈爆炸，巨响震天，造成数千人伤亡，数十万人无家可归，爆炸现场的视频在网上大量传播。这时候，一些带有利益动机的营销账号就会抓住这个营销时机，将一些早前各地发生过的安全生产事故、化工厂爆炸事故掐头去尾，或伪装成为黎巴嫩贝鲁特港区爆炸视频，或将事故发生的时间篡改成"近日"，再次编发传播，为的就是吸引关注以尽可能地提升账号的影响力。带有利益动机的营销账号常常会以"地方+头条/热点/资讯"这样的命名方式出现，大多以夺人眼球的标题、猎奇夸张的图片示人，让人产生迫切想要点开链接的心理冲动。此外，这类账号的主体一般都为某某网络科技有限公司，密集注册、抱团传播的特点十分明显。对于它们来讲，粉丝数和阅读量就是实实在在的收益，只要能增加粉丝数，提升阅读量，它们甚至不惜使用"旧闻重炒"，移花接木这些已经严重触及法律红线、道德底线的手段。

　　需要注意的是，利益行为营销账号中还有一些营销行为相当有迷惑性，其中一种与以碰瓷负面舆论热点进行营销的方式刚好相反，他们的营销文案充斥着对某个地方的溢美之词，对生活在这个地方感到非常自豪，这非常精准地切中了本地居民对家乡的情感认同，试图引导人们在自豪、骄傲、认同等正面因素影响下，产生"随手转发""宁可信其有""积极点赞"这些心理倾向，最终在网络社群、朋友圈这些强关系互动空间形成传播链、热议链。此外，它们还会经常使用"又上榜了""不转不是××人""你竟然还不知道？""全国全省全世界第一"这些捧赞式的夸张语言，以求最大限度地激起围观人群的好奇心，一步步引导人们去点开链接，查看内容，从而增加营销文章的点击量，最终快速变现。通常来讲，这类营销传播的地域依赖性很强，往往只限于某个地域内的"封闭"传播，呈现出较为明显的"局部热传""外部冷遇"的特点。

　　还有就是那些纯粹想以反向营销博取关注，谋求利益的恶劣营销行为。前面我们已经讲过，当前抖音、快手、西瓜视频等新平台逐步兴起，吸引着不同年龄阶层、不同知识背景、不同兴趣爱好的人群加入其中，以二次编辑创作、自动生成作品等体验方式不断激发着平台用户的参与热情，已经展现出其非凡的用户黏力和二次传播力。这种情况下，反向营销行为也随之高频出现，并且已经呈现出愈演愈烈的态势。

反向营销，即以违背社会正常道德伦理认知的面目示人，不惜触及道德伦理和法律底线，极力寻求刺激效果，甚至一定程度上渴求舆论对其进行"口诛笔伐"，以最大限度博取关注。例如：2018年3月，某网络直播平台两名网络主播为了能够快速赢得平台的粉丝人气，竟"剑走偏锋"爬上警车顶搞起了直播。虽然两人之后被分别处以行政拘留12日、15日，但他们的确收获了一批喜欢猎奇的粉丝。事实上，反向营销容易在这些新兴平台滋生，即便人们再怎么谴责，也难以从根本上改变它蔓延的趋势，是有其深层次原因的。

第一，与传统的市场营销思维不同，反向营销是以"哗众取宠"这类非常规的逆向方式博出位，尽可能地引导人们去追求"独一无二"带来的猎奇刺激，以此产生轰动性的传播效果，进而达到营销目的。反向营销只追求"到达率"，并不考虑舆论究竟会给予其怎样的声誉评价。因此，一般来讲，那些时刻怀揣"一夜蹿红网络""一朝火遍舆论"幻想的直播达人、网红们，会十分愿意通过这样的方式来达到火遍全网的目的。比如，前些年一些以恶俗炒作博出位的网络红人时不时会抓住阶段性的舆论热点，手持各种直播器械，伪装扮演偏激、激进的老百姓，在商店、广场等公共场所直播辱骂就餐顾客，煽动不明真相的人们跟风模仿，以此来提升粉丝关注度，都是出于这种嗜丑、审丑的反向营销本性。

第二，个别平台自带逐利导向和流量本性，对反向营销持默认态度。这主要是因为即便平台知道这些营销行为不可取，但也会顾及毕竟给平台引来了用户，带来了流量，除非监管部门给出较为明确的指令，或者营销行为本身的确造成了不可原谅的社会影响，平台才会在行政力量、舆论力量的双重压力下进行一些管理。也就是说，平台在从无到有、从小变大的快速发展时期，都会把吸纳用户参与，提升平台影响放在首位，正因为如此，才给这些反向营销行为留下了较大的市场空间。比如，前些年盛行的"大胃王"吃播博主，平台未必不知道这些以假吃、催吐、宣扬量大多吃等方式进行的猎奇式反向营销已经严重违背了社会公序良俗，然而平台并没有第一时间介入制止，直到监管部门宣布开展专项整治行动，平台管理方才对相关营销账号给予删除作品，关停直播，封禁账号等处罚。由此暴露的问题已经显而易见。

第三，自主打赏、点击率可以直接变现是这些营销行为人最直接的利益动力。就当前平台通用的获利分红规则来看，在平台抽取一部分佣金后，各类主播可以通过点击量及围观用户自主打赏直接获取相应佣金。这很容易给那些具有强烈物质利益动机的营销行为人以借助"反向营销"行为来谋求收益的暗示，在平台默许、利益驱使等因素的作用下，他们会不断进行舆论效仿和社会模仿。

与其他动机相比，干预行为营销动机具有普遍的舆论破坏性和议题对抗性，经常在一些重大事故、重大灾难、重要活动等关键时间节点密集出现，以明显的对抗姿态来针对已经形成的舆论热点，制造话题争议，加剧群体对抗，阻挠共识形成，带偏公众思想。比如，当一些地方因为遭受强台风、连续暴雨等极端灾害天气而发生城市内涝、房屋倒塌等受害情况时，一些曾被辟谣很多次的诸如"德国良心下水道""日本良心下水道"陈旧谣言也常常会出现在网络社群中，发布者借助舆论话题热点，挑动负面情绪，进行干预性舆情营销的动机倾向十分明显。

总之，无论是商业动机、利益动机，还是干预动机所形成的舆情热点营销都是个体舆情发展演变的最后阶段。对此，我们千万不要以为舆情进入营销阶段后就意味着舆情形成的舆论影响也随之告一段落。事实上，对于群体思想形成而言，舆情营销更像是舆论影响真正从网上向线下延伸的开始。也就是说，时隔数年之后，人们可能已经不记得曾有一位游客去某地旅游遭遇了宰客这件事情，但一定会记得那里"曾有一只大虾卖38元"。这是互联网中的永久记忆，也是我们需要提前做好应对防范措施的原因。

本节重点：

1. 舆情营销是指广告商、营销号、利益者借助舆情经信源产生、传播扩散、评论定性等阶段演变后形成的舆论热议氛围，以能够广泛引起公众产生话题关联、标签遐想、情节联想的细节为传播媒介，有意识地在目标产品与舆情热点之间强行制造一些话题关联达到营销目的的方式，这是舆情热点按照时间顺序发展演变的最后阶段，我们也可以称之为舆情的尾溢效应。

2. 舆情营销不是一个负面词，而是一个中性词，问题的关键不应该是有没有发生舆情营销行为，而是舆情营销行为有没有触及底线、歪曲事实、违背道德，只要舆情营销行为本身没有逾越法律的边界，也没有触碰道德的底线，都应该被理解，因为这只是正常的市场营销而已。

3. 舆情营销可以按照行为动机分为商业类营销动机、利益类营销动机、干预类营销动机三种。

4. 如何判断舆情营销行为到底有没有"犯规"的两个标准：一是有没有尊重事实真相；二是有没有违背道德伦理。

5. 舆情营销是舆论影响从网上向线下延伸影响的开始。

第4章

应对技巧

因时施策

兵家有言：只有运筹帷幄之中，才能决胜千里之外。舆情应对和处置工作也是如此，如果没有全面读懂舆论心理，没有充分掌握舆情发展演变的规律就贸然地进行一些想当然的处置应对，事倍功半不说，甚至还有可能适得其反。

舆情应对，其实是一项十分考验业务实操水平的专业性工作。不同的舆情阶段需要采取不同的应对策略，不能盲目，更不能想当然，否则不仅难以达到预期效果，反而容易适得其反，得不偿失。总的来讲就是：根据舆情发生发展演变的不同阶段，采取各有侧重的应对策略，在舆情形成期，要把工作重点放到对失真信息的辟谣澄清上，最大限度地确保信源真实；到了舆情传播期，要把工作重心放到权威信息的发布上，抢占时间，尽可能地让公众都以权威信源作为讨论信源；而进入舆情评论期，则要抓住处置部门获取信息全面、专业知识丰富这两大优势，把工作重心放到说理、科普的正面引导上，引导舆论形成真正就事论事、各抒己见的良性对话氛围。最终给相关部门、相关单位、相关企业提供有助于促进问题解决的参考路径。

因此，我们依然可以参照前面章节讲过的，将舆情发展按照时间顺序分为舆情发生、舆情传播、舆情评论、舆情营销这四个阶段，并针对性给出大致的策略方向，为舆论工作者在实际应对工作中提供一些参考。

一、舆情发生阶段

前面章节中我们已经讲过：任何舆情都是始于网民针对舆情事件信息源的爆料，发帖人会出于各种各样的舆情动机，对自己即将通过网络途径发布的舆情事件信息源进行一些刻意地利己"包装"，导致发帖人所发布的舆情信息往往存在部分关键信息遗漏、部分情节过度渲染、个别细节有意捏造的情况，由此造成了网上呈现的事件信息不同程度失真的情况。

在实际处置的过程中，我们不仅要面对关键信息遗漏、部分情节渲染、个别细节捏造这些因为信源失真造成的各种问题，还要面临首因效应、晕轮效应等一系列社会心理本能反应而造成的群体心理干扰问题。

现实的舆情案例中常常会出现这样的情况。比如，你在网上看到了一则声称遭遇执法人员暴力执法的帖子，便有可能先入为主地在潜意识里形成"执法人员暴力执法"这样的初步印象，即使之后经过线下核实，真实情况可能根本不是网上说的那样，你也很难在短时间内就改变你的第一印象。更为要命的是，这个先入为主的初步印象会时刻影响着你对整个舆情事件的总体判断，不断引导你去网上发布如"声援发帖者""谴责执法者"这样的想当然判断，比如大声斥责那些被你认为是不可原谅的"粗暴执法"行为，并大力声援被你认为已经蒙受不白之冤的当事人。如果大家都和你一样，就很容易在舆论层面形成一股"围剿"执法人员的舆论力量，然而我们可能很少会去考虑另外一个问题：如果爆料人撒谎了呢？如果事实根本不是帖子里说的那个样子呢？或许你会理直气壮地说：既然事实证明我们错了，那就及时纠正嘛。然而，现实并非我们说的那个样子，对于错误，绝大多数人的首选都不是大声地承认错误，而是试图通过保持沉默来让事情悄无声息地过去。

这是因为当很多人从一开始旗帜鲜明地表明一个观点后，便会不自觉地对相反观点产生排异心理，即便最后事实真相证明的确是他自己错了，先入为主的心理本能也会让很多人固守己见、继续硬扛，至少不能在明面上表现出来。也就是说，虽然表面上他们会说，如果最后证实的确是我错了，我会勇敢地站出来承认自己犯下的错误。但现实中绝大多数人面对自己曾经做出的错误选择，都会惯性地保持沉默，并希望这个事情之后不会再有人提起，因为对他们来讲，哪怕最后事实证明造成他们判断错误的责任并不在他们自己，他们也依然会认为是因为自己学识不够、能力不强，不能及时地明辨是非。对于这种会让自己形象一落千丈的糗事，很多人倾向绝口不提。

这也是为什么我们常常发现：很多人明明事后知道自己转发了谣言，也不会选择主动转发辟谣信息进行澄清，而只会默默删除转发信息，就当什么事情也没发生过。因为对于已将道德伦理视为自身价值追求的人们而言，前脚刚转发谣言，后脚立马转发辟谣信息，这无疑是在自我"打脸"，没有谁会愿意进行这样的自我"打脸"，即使责任不在自己。

比如，2014年11月，一则消息称一个村民要求政府兑现68年前新四军的3万元借条，引发网上热议。虽然后经有关部门组织相关领域专家进行鉴定得出了"出于'该借粮款收据空白处内容用当代圆珠笔填写，字迹较新，特征明显，该借粮款收据用印为当代化学印油，该收据中简化字多次出现'这三个理由，综合认定该借粮款收据为现代仿制品"这个权威调查结论，但原先那些对该村民单方信源深信不疑，并且已经得出"新四军借款不还"这个错误结论的那部分人，却并没有像原先义愤填膺抨击"新四军借款不还"时那样，关注和转发这个事件的最终调查结论，而是近乎一致地选择了沉默和忽视。事实上，这并不是因为他们没有看到这条信息，而是害怕被人质疑。所以他们选择保持沉默，认为只有这样才能让这件事以最快的速度消失在大众视野里。

也正是因为这种心理作祟，让很多夹杂额外动机的利益相关人、舆情爆料人想当然地认为，只要想方设法在第一时间鼓动足够多网民加入自己的阵营，即便自己对舆情信息添油加醋、言过其实，已经站在自己一方的网民也会在这种共性心理的作用下保持沉默，不会给自己想要形成的舆论力量制造阻碍。

这就是为什么我们一定要把舆情信源处理摆到整个舆情应对处置工作首要位置的原因。人们基于真实信源得出的判断，一定要比基于充斥存伪、夸大、伪造等失真信源得出的判断客观公允得多，虽然后续人们也会因为专业知识不足、客观认识偏差、情绪认知差异等原因给出偏激评论，但情况肯定不会比错将失真信源当作真实情况发表评论意见来得糟糕。

具体而言，正确处置舆情信源的操作步骤大致可分为情况核实、信源分类、分级应对三个步骤。

第一步，核实线下情况。当舆情信源出现，并通过微博、微信、抖音、头条、知乎等网上公开平台及网络社群、互动圈群等相对封闭空间进行传播扩散后，很快便会在公共舆论场中形成相对稳定的舆情信息。这时候，我们应该尽快找到网上首发的舆情文章，这里需要注意的是找到第一个舆情原帖原文，这是因为不同的舆情平台、不同的互动属性，总是会出于平台属性、传播偏好等各种原因，或多或少都会对信息进行加工，不一定会直接复制和粘贴原文的内容，有的会加一些情节渲染的图片，有的会加几段关联的背景视频。同一条舆情，在不同平台出现的样子有可能会不一样。因此，我们这里说的舆情原帖原文是指发布时间最早，发布平台最早，真正意义上的首发舆情文章。

当然，要找到首发的舆情帖文，靠人工检索费时又费力，一般需要借助第三方的舆情检索工具。第三方舆情检索工具，事实上没有外界看起来那么神秘，一般都是借助计算机对关键字、关键词的爬虫技术，按照服务对象提供的关键字、关键词、简写字母等虚拟画像的特征，在特定网上公开平台内进行不间断的反复检索。当然，不同的第三方舆情检索公司在平台覆盖、检索效率、人工判定等技术方面也会存在一些区别。这方面需要我们根据实际情况，具体问题具体分析。

当借助第三方舆情检索工具筛选到相关舆情文章时，我们仍需要进行人工溯源判定，以最终确定这条舆情究竟是不是真正意义上的首发舆情原文。在完成上面步骤之后，我们要及时下载舆情原文的内容，并按照原文涉及的信息与我们线下掌握的情况进行逐一的细致核实和情况核对，搞清楚哪些信息确实如此，哪些信息并不属实，哪些信息属于关联猜想。然后，用最快的速度形成一份内容翔实、条理清晰的舆情核实情况报告，提供给单位的决策者。

第二步，进行信源分类。在搞清楚前面三个基本问题后，要按照这三个问题对舆情帖文提及的信源进行分门归类。为了提高后续处置应对的工作效率，我们建议以条目式报告进行简要说明，尽可能地剔除掉一些无关信息。例如：

关于某某舆情事件的情况核实报告

××年××月××日，××网民在××平台发布帖文《××××》称，……（全文内容概述）。

线下有关情况核实如下：

1.网民反映信息A情况基本属实。经调查，是……的原因发生了这种情况；

2.网民反映信息B情况不属实。经调查，实际情况为……

3.网民反映信息C情况为关联猜想，导致发帖人产生这种猜想的可能性为1……2……3……

第三步，开展分级应对。在完成以上步骤后，要根据不同的信源开展具有针对性的应对工作，以最终达到确保公共舆论场整体信源趋真的工作目标。具体而言，对情况属实的内容，要采取主动承认、沟通对话这样的积极策略，尽可能地向公众传递舆情涉事主体主观上不回避问题，不消极对待的积极信号，从情绪引导角度获取舆论的认同，为后续处置打下良好的氛围基础。

对于舆情帖文中虚假、存伪、失真的部分，要第一时间进行公开的辟谣澄清，从有效压缩公共舆论场虚假信息的角度提升信源的真实性、可靠性。需要说明的是，这里讲的辟谣澄清并不特指公安部门针对各类造谣传谣行为的线下查处打击，还包括舆情事件的主体行为人通过公开途径发表的澄清不实言论的各类网上声明，以及通过其他方式自发开展的一些辟谣澄清行为。比如，在官方微博、官方微信、官方抖音等政务新媒体平台或在本地权威媒体开设辟谣专题专栏，将舆情信息中的不实部分和经过线下调查后的真实情况及时呈现，以迅速遏制住虚假信源的传播速度。总而言之，要想尽一切办法以最快的速度压制谣言在公共舆论场的生存空间、传播空间。这是因为一旦我们错失了最佳的辟谣时机，大众就会受到先入为主、被动沉默这些受众舆论心理影响而不愿意去转发辟谣信息。这会让整个舆情处置应对工作陷入十分尴尬的被动局面。

对于舆情帖文中属于关联猜想的部分，要进行针对性的主角语境模拟分析，通过还原场景、代入主角等方式，全面了解舆情发帖者为什么会产生这样的关联猜想，进行这样的关联猜想是出于什么样的动机考虑，围观网民会因为这个关联猜想产生什么样的连锁判断等深层次原因，为之后通过政务新媒体、传统新闻媒体等渠道发布真实、全面、客观的权威舆情信源提供参考依据。

我们需要明白，辟谣澄清是为了最大限度压缩失真信源在公共舆论场的生存空间，但仅仅这样还远远不够，这是因为每一个人都有迫切想要获取舆情事件更多信息的潜在心理需求，如果在辟谣澄清虚假信息的同时，没有及时释放正确、客观、全面的权威信息，大众还是会选择再次相信失真信息。所以，官方及时发布权威信息在舆情处置应对中同样关键。发布越及时，公众的舆情需求就越容易满足，后续舆情的情绪烈度振幅就会越小，处置工作就会越顺利。

以前，官方主要通过召开新闻发布会、媒体吹风会、项目宣介会，邀请媒体记者现场提问，重点介绍情况现场，现场解答热议话题等，面对面有针对性地解答人们的质疑，更新工作的进程，化解产生的矛盾。这种发布模式虽然比政务新媒体途径的官方发布更有严肃观感和权威含义，但都需要提前做大量的准备工作，行政成本、人力成本、社会成本等各类成本支出较高，适用范围较为有限。一般情况下，适合政治信号强烈、社会影响广泛的涉重大政策、重大活动、重大事故等敏感舆情事件的发布。

官方微博、官方微信、官方抖音这些政务新媒体账号要灵活很多。一是因为对大多数现实舆情案例处置而言，政务新媒体作为官方发布舆情信息的主渠道已经具有公信力；二是因为网络发布操作起来十分方便，不仅可以帮助涉事部门节省各种成本，还能以最快速度发出权威声音，有助于更快地掌握舆情处置的主动权；三是因为网络发布主要以"情况说明""权威发布"这样的文字形式出现，官方拥有对发布信息的解释权，不太容易发生突发状况。但是每一个舆情事件都要具体问题具体分析，如果当一份经网络途径发布的文字样式的官方通稿发布后，网上争议性讨论、质疑对峙声音并没有得到预期的缓解，这时候就要及时地改变舆情处置策略，有针对性地改用新闻发布会、媒体专题采访这类方式，以应对舆情的复杂形势。当然，采用这种舆情处置策略，需要提前做好一系列准备，比如线下部门提供事件的最全面信息，梳理网上争议最大的舆情样本，注意新闻发言人着装、语速、手势等细节等内容。

现实中，即便政务新媒体方便快捷，但很多人依然还是对其抱有很强的戒备心理，不到万不得已，并不会拿来使用。在他们的潜意识思维里，处置应对突发舆情，官方发布一定要等到线下所有情况全部摸排清楚，形成一份内容翔实、细节清晰的情况报告，经领导层层审核同意后，才能公开发布。这样的处置思维不能算错，但忽略了一个十分关键的现实问题：如果要形成一份内容翔实、细节清晰的情况报告少则数天，多则数周数月，等到调查清楚了，核实全面了，层层把关了再发布，大众恐怕早已被各种坊间传闻、小道消息、传言谣言给予的错误判断牢牢包围，先入为主、被动沉默的受众舆论心理会让这份迟到的官方发布在公信力、传播力、影响力上大打折扣。

因此，需要构建起一种能够适应互联网舆论快速变化的网络发布处置模式来帮助我们做好舆情处置应对工作。

具体来讲，就是我们要掌握好第一条用于抢时间表态度的网络发布通稿写作技巧，即三句（段）写作法。第一句（段）：描述现状。什么时间、什么地点、发生了什么事情，把事件的要素讲清楚。第二句（段）：工作进展。针对发生的事情，涉事部门、主管单位已经做了哪些工作，比如××时间到达了现场，现场救出多少人员，有多少人送到了医院等，对事件发生以来舆情涉事主体进行的一些应急处置工作做简要的介绍。第三句（段）：后续情况。接下来准备怎么做，提供一个解决问题的工作方向。

事实上，这篇三句（段）论式的网络发布通稿范式并不涉及太多需要线下认真核查、反复核实的信息，形成简要文字初稿的难度并不大，也更容易通过审稿、核稿等舆情回应层面的工作程序。因为发布这篇通稿的目的并非要向大众详细交代事件的原因、造成的后果、后续的措施、责任的追究这些还需要深入调查的问题，而是要在大众因为舆情事件突发而可能出现一些迫切情绪的潜在倾向之前，及时地给予其心理层面的有效安抚，进行一些针对性的情绪调适以让他们能在第一时间了解有关部门已经介入调查，引导大众不要轻易地相信来源不明的网络传闻，不妨等等官方信息。也就是说，虽然这篇通稿并不涉及核心信息，篇幅可能只有短短的三句（段）话，却可以为我们在舆情应对处置工作的第一时间确保网上信源真实性方面提供关键性帮助，是取得网上舆情处置工作主动权的关键一步。

起草完成这篇通稿后，依然还要对通稿做一些技术层面的处理，否则也可能会让舆论效果大打折扣。

第一，舆情回应的角色主语应当尽量少提或不提涉事部门单位的领导个人。比如，××同志第一时间到达现场，××同志在现场亲自指挥这些语言描述。这是因为舆情的负面属性往往容易让人们产生焦虑、急切、担忧、对峙等消极情绪，而当舆情热度逐步攀升时，人们就会迫切希望有一个具象化的情绪宣泄口，以让不断蓄积的负面情绪尽快宣泄出去。对此，可以用单位名称、领导集体等角色主语来代替个人名字，比如，事故发生后，市委、市政府主要领导同志，应急、环保、公安等职能部门第一时间到达现场。

第二，要对三句（段）话的篇幅比例有所统筹。纵观这个三句（段）话的网络通稿，涉事部门的决策者普遍会对第二句（段）的内容较为关注。这是因为涉事部门希望在通稿中尽可能地多讲工作进展，让人们知道他们已经在这么短的时间里做了大量的工作，也许舆论就会对他们"高抬贵手"，质疑的声音就会少一点。

显然，这些想法过于天真。大众舆论的心理主观却又十分真实。这也是为什么要对通稿做技术处理的原因。情绪舆论为主的互联网舆论极为注重感性，讲究印象，看重观感，对于通过网络发布的通稿也是如此。通稿给人的印象好，就能起到正面安抚效果；给人的印象差，就会引发次生舆情灾害。这就意味着，这三句（段）话之间需要有一定的权重比例：第二句（段）话的篇幅比例不要超过35%～40%，第一句（段）话、第三句（段）话因信息不涉及具体工作情况，可根据实际情况自行调整。这是因为第二句（段）话的篇幅比例一旦过高，就容易让围观网民产生"既然干了这么多的事，为什么事情还发生了"这样的想法，由此可能诱发一些舆论对抗的行为。当然，也许你会提问：如果单位的主要领导把关后的网络通稿的第二句（段）内容已经超过了篇幅比例，该怎么办？我想，这时候你可以做的也就是：在不增删内容的情况下，尽量地给第一句（段）、第三句（段）的内容进行一些扩句、扩段，以尽可能地让整篇通稿的结构比例看起来更加协调，给舆论留下一些相对适合的印象。

总而言之，在舆情发生、信源形成的阶段，如果我们能及时通过辟谣澄清、官方发布这两个"一堵一疏"的关键步骤，成功保住舆情信源的真实性，那么接下来的处置应对工作会轻松很多。这就要我们牢牢记住一点：人们基于真实信源得出的判断，一定要比基于失真信源得出的判断客观、公允得多。

二、舆情传播阶段

舆情信源在公共舆论场中逐步稳定后，很快就会进入传播阶段。这时候，新闻媒体、商业平台、意见领袖、普通网民都会根据自己的理解、认知、偏好，将舆情信源包装成为他们想要的样子再传播出去，这便形成了可以影响舆论走向的公共议题。前面我们已经讲过：新闻媒体会出于自己新闻主义的专业动机，对舆情信源进行一些新闻价值上的专业包装，以体现他们专业主义的主张；商业平台出于流量逐利的本能，会想方设法地对舆情信源进行一切可以产生轰动效应的包装，以此来增加平台商业价值、流量变现等在市场资源配置方面的影响；意见领袖则会受到来自其背后支持群体的集体意志影响，力求舆情信源都能按照最有利于表达自己背后集体意志的样子进行传播，以维持自己在粉丝群体当中的影响力；普通网民会因为不同的政治立场、经济地位、生活阅历等因素而对舆情信源做出不同的传播选择，以便自己能够借机释放一些内心情绪。即便舆论工作者尽最大努力保住了舆情发生时的信源真实，如果没有在传播阶段持续努力，依然会出现很多问题。对此，我们需要认清一个基本现实，舆论不会完全按照处置部门预想的舆情信源的样子去呈现，这是由不同群体各自的立场、动机所决定的。因此，舆情处置部门应下足功夫用好自己的新媒体渠道，积极主动地发布舆情事件的真实情况，把舆情传播的主动权紧紧握在手里。

前面，我们已经讲过舆情回应通稿的写作样本，但那毕竟只是技巧上的缓冲操作，如何展现舆情事件的信息全貌，才是真正考验舆论工作者应对处置水平的关键。接下来，我们用实际的舆情案例进行讲解。

案例1： 市民伍某(女)在微信群中发布"在小区地下车库被人强行带走"的消息，引发了舆论针对女性安全话题的广泛讨论。之后，当地发布了一则情况通报，大致内容如下。

一、事实经过

××月××日××时，伍某得知褚某（系伍某前夫）因病在医院治疗后，到医院看望褚某，半小时后离开。当晚9时许，褚某电话联系伍某欲与儿子通话，未果。后褚某驾车前往伍某居住小区，在该小区停车场内，双方因感情问题发生争执。褚某欲强行将伍某拉到自己车上，意图换个场合继续交涉。此时，伍某说自己的车还没锁，褚某遂称那不如驾驶伍某的车。褚某随即将伍某推入伍某的车内并驾车行驶。途中，两人因感情问题再次发生口头争执。车辆驶至永祥上范村附近时褚某放慢车速，伍某趁机打开车门下车（并未受伤）。褚某担心伍某安全，欲将伍某拉回到车上，未果。后经双方朋友电话劝导，当晚××时许，褚某独自步行离开，伍某联系他人后，驾车回家。

××月××日上午，伍某到所居住的小区物业查看当晚的监控录像，但被告知视频监控无法存储和回放，遂在小区业主群内发布"被人绑架""差点死了""跳车才救了我自己"等信息，指责物业公司管理不善。该信息在业主群发布后，引发热议，并在多个群扩散，部分业主为此向公安机关报警求证，公安机关当日下午即受理并开展调查。

二、调查工作开展情况

接警后，公安机关随即开展调查。通过现场调查，询问双方当事人、证人、小区物业管理员及实地勘查、视频追踪等调查工作，基本查清了整个事件的经过。

三、对双方当事人的处理情况

依据《中华人民共和国治安管理处罚法》的相关规定，公安机关依法对双方做出如下处理：1.鉴于褚某认识到自身错误，并写下保证书，表态今后不再有类似行为，并取得伍某谅解，伍某也要求不追究褚某的责任，警方对褚某进行口头批评教育；2.因伍某在小区业主群内发布夸大事实的信息，并引发热议以致该信息在相关圈群扩散，警方对伍某进行口头批评教育，并发布了澄清信息。

背景点评：从各个新媒体平台的同步转载、重点推荐后的各方反馈来看，这份看似内容翔实、细节清晰的警情通报并没有起到预期的平息舆情事态的效果，新闻媒体、商业平台、意见领袖、普通网民都在按照自己的选择偏好进行着自己认为理所当然的信息解读，由此引起网民的反复争论。

经过分析，我们发现这份警情通报主要存在三方面的问题。

第一，篇幅冗长造成公众抓取关键信息不准不全。互联网大环境下快餐式阅读越来越成为网民习惯。一般情况下，普通网民深度阅读一份警情通报的时间并不会太长，这就要求舆论工作者拟写的警情通报篇幅不能过长，不宜过分拖沓，要拣重点，提要点，讲干货。这份通报篇幅虽然长达800余字，但认真分析后，主要是想表达以下三层意思：一是发帖人伍某是因感情问题与其前夫褚某交涉未果，发生口角，二人一同驾驶伍某车辆驶离，与一些外围网民想当然理解的"预谋绑架，勒索钱财"存在明显区别；二是褚某承认错误，伍某愿意谅解，不追究褚某责任，双方最终和解；三是公安机关对褚某批评教育。因为伍某能讲清楚与褚某的关系，网民"惊现绑匪""治安怎么了"等焦虑就可以避免。然而，这份通报过分追求过程和细节，导致网民并不能在有效时间里抓准关键信息和权威信源。更为要命的是，不少网民还因为"欲强行将伍某拉到自己车上""随即将伍某推入伍某的车内"等夸张性细节描述，产生了"事态十分严重"这样的情感联想，造成了持续的心理焦虑。

第二，事件定性时未评估潜在风险可能引发的社会焦虑。如果公安部门认定褚某构成绑架，一定是在线下一系列严谨调查程序之后才能得出结论，如果要让舆论尽快产生同样的认同判断并不容易，需要在内容表述、角度描述、用词尺度等方面有所选取，毕竟读者在讨论该话题时，难免会带入他们自己的判断和认知。因此，这份警情通报虽然已经将事件的来龙去脉讲得很细，但却忽视了可能会引起的潜在争议风险，特别是"强行""推入"等一些细节词汇，无形之中增加这种争议风险发生的概率，由此出现了"遭前夫绑架不算绑架？"等焦虑性跟评。

第三，后续处理描述易产生误导性，造成大众产生落差感。前面我们已经讲过，道德至上是互联网舆论的本能。当大众的道德感被持续激发，而又不能得到有效满足时，就会形成巨大的期望落差，产生用负面跟评来表达不满的冲动。

复盘这份通报的舆论反馈可以发现，大多数表示质疑的网民普遍存在"公安部门对待类似问题是不是都是息事宁人""难道前夫绑架就不是绑架"等焦虑心态。这一方面是大众期望法律正义、社会道义得到进一步弘扬的舆论心态的反映；另一方面是大众对这份缺乏用语技巧、措辞艺术的警情通报产生的误会。

现在，根据上面分析的三个问题，我们或许可以得到一些如何写好一份舆情回应官方通稿的经验，这里可以提供一个参考。

警情通报

××年××月，市民伍某（女）在微信群中发布"其在小区地下车库被人强行带走"的信息，在我市多个微信群扩散，引发热议。

接到群众报警后，我局××派出所第一时间开展调查，通过现场调查，询问双方当事人、证人、小区物业管理员及实地勘查，视频追踪等，现将有关情况通报如下。

1.当事人伍某系褚某前妻，××月××日××时左右，双方因感情问题发生争执，褚某驾驶伍某车辆一起驶离。当晚×时左右，褚某自行离开，伍某联系他人驾车回家，目前平安在家。

2.经批评教育，褚某认识到问题严重性，主动写下保证书，并且取得伍某谅解。

3.当事人伍某表示，只要褚某真心悔改，愿意不追究褚某责任。公安机关特别提醒：无论离异，还是婚内，双方沟通都应心平气和，避免因口角争执而造成矛盾升级，甚至发生违法行为。

××公安局

××年××月××日

通稿写作技巧：官方通稿不是评论写作，篇幅不宜过长，不需要过多的修饰词语和细节渲染，信息呈现应当尽可能地精炼、准确。

案例2：××年××月，某地一酒店女住客在微博发视频控诉凌晨3时遭赤身男子擅闯房间事件，引发公共舆论针对涉事酒店的批评质疑。

分析点评：在舆情信源形成后，我们依然可以按照舆情风险评估、事件暴露问题、今后工作改进的综合考虑，得出三个基本判断，以此来确定舆情回应通稿的写作思路。

第一个判断：要高度注意女性安全话题日益敏感的关联影响。近年来，女性安全问题在互联网舆论中已经变得越来越敏感。在当前这种情况下，不仅仅是××酒店，其他连锁品牌酒店也是一样，要特别关注房客在入住体验、管理投诉等各方面的受理、解决问题。当然，也要高度留意话题被人反向炒作，有意碰瓷，要提醒酒店管理人员在处理相应投诉事宜时，应当同步保留对话录音、监控录像等能自证清白的证据，以免届时因"空口无凭"而"百口莫辩"。

第二个判断：要及时改变以往只知被动应对的止损思维。从当前各企业对于舆情应对的理解情况看，它们中的绝大多数还停留在"被逼回应""无奈应对"阶段，没有形成"危机并存""由危转机"等主动应对思维，这就很容易错失舆情应对良机。也就是说，如果涉事酒店管理人员在收到女住客控诉之时，就能充分意识到"裸身男子凌晨进入女住客房间"事件的巨大公共话题性风险，立刻做好处置应对工作，如及时在网上发布事件过程并道歉，同时客观陈述酒店整改工作，积极向警方提供监控视频等，或许会是另外一种局面。

第三个判断：要把危机公关意识能力提上企业中层管理人员培训的议事日程。在互联网舆论大背景下，为最大限度避免因舆论声誉受到影响而令企业蒙受不必要损失的情况发生，危机意识、危机能力是任何具有一定品牌影响的企业必须重视的问题，特别是上市公司、品牌企业，声誉往往关联股价波动。以这次××酒店事件为例，前台服务员在接到女住客投诉后，势必会将相关问题报告给大堂经理或部门主管，也就是说，真正考验的一定不是企业公关部门事后补救的能力（虽然这很重要），而是企业广大中层管理人员面对突发情况表现出的危机意识和化解危机的能力。

那么，在得出这三个具象的基本舆情判断后，再去拟写舆情回应通稿就会容易很多。这里也提供一个舆情回应的样本。

情况回应

近日，女住客×某在我店的遭遇受到了社会舆论广泛关注，虽然目前涉嫌违法男子已被公安机关依法行政拘留，但对×某因此受到的心理伤害，我们再次深表歉意，并且深刻反思酒店在此次事件处置过程中存在的管理问题。

对于女住客×某对我们提出的建议，酒店管理层第一时间进行了内部讨论，形成了一致意见，公开答复如下：

一、自即日起，集团旗下所有××酒店以城市为单位，开设线下投诉电话专线，集中受理酒店住客的各类意见建议，并且承诺三个工作日内给出相应答复，切实保障住客合法权益。

二、进一步加大酒店安保力量配备，增加酒店楼道日常巡查频次，全力防止类似事件发生。

三、全面加强与属地公安机关汇报沟通，一旦发生类似情况，第一时间报警处置，主动配合相关住客提供楼道监控等证据材料，全力配合公安机关做好案件调查工作。

四、针对事件暴露出的酒店管理人员消极对待、敷衍了事等情况，在全集团范围内开展业务培训，切实提升旗下酒店管理人员能力水平。

××酒店集团

××年××月××日

通稿写作技巧：对舆情事件涉及的话题、人群等情况要进行充分的风险因素评估，要懂得"承认存在不足，开展后续整改"在舆情回应中的重要性。

实战永远是最好的老师，现实中发生的各类舆情案例都在反复地提醒着舆论工作者：写好一份舆情回应通稿是一项技术活，不仅要具备一定的文字功底，还要对网上舆论动向、话题潜在风险、信息细节描述、内在逻辑论证的方方面面进行全面、客观的综合评估，进而在舆情回应技巧上做一些技术处理。

案例3：2021年10月深夜，某地一女子陈某家中遭陌生男子破门而入引发舆论大量关注。当事人称，一名陌生男子踹破自己家门后，打开门锁进入屋内，与女子男友（吴某）发生冲突，陈某随后报警。

警方随后发布警情通报称，××月××日凌晨××时许，张某因噪声问题，酒后砸坏邻居吴某、陈某租住房屋的房门并进入室内，与吴某发生口角，互殴后张某逃离现场。接警后，警方立即组织警力赶赴现场处置，固定现场证据，并通知张某亲属陪同受害人到医院检查治疗。在民警离开后，张某又召集5人返回事发地，拦堵准备去医院检查治疗的受害人，期间张某再次与吴某互殴，后逃匿在外。警方于当日立案调查，并敦促张某投案自首。目前，张某已被警方抓获归案。经审查，张某对其违法犯罪事实供认不讳，现已被依法采取刑事拘留，案件正在进一步侦办中。

分析点评： 抛开通稿用词用语等其他因素干扰，仅就这份警情通报内容而言，对于事情的来龙去脉描述还算比较全面，但舆论往往就是这样，回应这样一个已经成为社会热点的事件，如果通稿用词用语没有拿捏准确，使用了一些可能引发不当联想的修饰词语，就会诱发次生舆情灾害。上面这份通稿既然使用了"互殴"这种"各打五十大板"的定性语言，就一定要留好能充分证明双方都有主观过错并且确实是因双方主观过错而导致互殴的应对证据，比如现场监控、人证物证等，否则这份通稿的内在逻辑就会出现一些问题。

这也告诉我们，线下处置没有问题，不代表线上回应就一定不会出事。这个事件之所以引起了次生舆情灾害，很大一部分原因就是这份舆情通报在用词用语方面不够到位。

第一，部分词语使用不当诱发了负面猜想。通报针对张某因噪声问题，酒后单方面破门进入受害人房间与其二人发生纠纷，使用了"互殴"这个词，给公众造成双方都有主观过错的舆论观感，这就是通稿发出后，网上会不断出现针对警方通报的质疑、对抗评论的原因。虽然通报提及的噪声问题可能是张某违法破门闯入的导火索，但噪声并不是张某违法的理由。

第二，过多的细节描述增添了很多关联话题。需要注意的是，公开通报回应的目的是提供一个客观、全面的舆情信源，并不是带有判断性质的评论引导。也就是说，通报内容应当尽可能地简明扼要，除一些必要细节外，内容不宜过多，否则就容易让大众展开猜测联想和关联讨论，反而容易让舆论关注点不断转移，甚至偏离。通报使用了"酒后砸坏房门""口角""互殴""召集5人返回事发地""拦堵受害人""再次互殴""逃匿在外"等一系列引导公众产生"剧情式""脑补式"画面联想的描述语言，难免增加了"陌生男子酒后闯入""召集5人继续围殴受害人"这类原本可以避免讨论的话题，这是回应通报的技术大忌。

下面，我们针对上述通报内容已经呈现的信息，做些舆情技术层面上的处理，以让这份警情通稿看起来更符合互联网舆论规律。

警情通报

近日，网传我市"一女子家中凌晨遭陌生男子破门闯入"事件引发网络关注。对此，我局高度重视，第一时间进行了线下核查，现将有关情况通报如下。

××月×日凌晨××时许，张某（男，××岁）酒后因噪声问题，非法闯入邻居陈某（女，××岁）、吴某（男，××岁）租住屋内，双方随即发生口角，张某殴打吴某后逃离。

接到报警后，我局值班民警于××时××分到达现场，立即固定现场证据，马上安排警力敦促张某尽快投案自首，同时要求张某亲属××尽快陪同受害人吴某就医治疗。

期间，××时××分，张某召集5人返回事发地再次拦堵正准备前往医院就医的受害人吴某，张某一人对吴某再次进行殴打，后被警方抓捕归案。

经初步审讯，张某对其违法犯罪事实供认不讳。目前犯罪嫌疑人张某已被我局依法刑事拘留，案件正在进一步侦办中。

××市××公安分局
××年××月××日

通稿写作技巧：舆情回应要根据自己在舆情事件中扮演的角色而对通稿用语、描述用词做出不同的选择，应当尽量避免使用容易引起歧义或主观臆测、情节联想的词语。

此外，如何让回应通稿在字里行间引发互联网舆论的共鸣，也是一大写作技巧。

案例4：某地一水务有限公司在其官方平台发布的一则停水通知引起了舆论的强烈不满。

假设通知如下。

尊敬的用户您好：

按照国家电网要求，将执行电管局和能源局有关有序用电的文件精神，不定期、不定时、无计划、无通知停电限电，此种情况将持续到××年××月份，停电、停水将变为常态，因此会导致九站泵站断电而无法正常供水，近期会经常出现因停电导致的停水现象，望用水单位及居民及时做好储水准备，随手关闭水龙头，不便之处，敬请谅解！

××水务有限公司

××年××月

分析点评：这条停水通知引起了舆论持续的强烈不满，最后以发通知的单位道歉收尾，对公司的舆论声誉造成了不小的负面影响。究其原因，还是这条停水通知给人太过冰冷的舆论观感，没有针对性地处理好受众的舆论情绪。也就是说，在"拉闸限电"这种舆论情绪居高不下的大背景下，即便不是电网这样的直接主体部门，也要尽量地"同情""共情"，要让群众在通知的字里行间真切地感受到公司的感受其实和大家一样，并且愿意和他们一起面对，共同渡过难关。这就是舆商思维作用下的温情即视感和社会责任感，也是撰写此停水通知的技术内核。

这里，同样提供一个参考样本。

重要通知

尊敬的用水单位、广大市民：

您好！

接到国家电网、省能源局等有关部门关于有序用电的工作通知，即日起至××年××月底，我市部分时段、部分区域可能会出现短时停电、临时断电等突发情况，容易造成我公司九站泵站无法正常供水，届时将给大家带来一些不便，还请谅解。

为了尽可能地降低给辖区内用水单位、广大市民生产生活方面带来的影响，我们已经第一时间成立了工作专班，开通了工作专线（热线电话：××××-×××××××××），将24小时在线提供用水方面的咨询和服务，随时做好各类突发情况应急处置。

同时，我们也希望用水单位、广大市民能提前做好必要的节水储水准备。

××水务有限公司

××年××月××日

通稿写作技巧：在起草这类因为突发情况而需要公开官宣的通知时，要尽可能多地使用那些能够带来道德共情、人情温暖的柔性语言，拉近与受众的心理距离，这样可以避免很多不必要的舆情危机。

前面提到的舆情案例，基本都是不那么让人满意的舆情通稿，但实际舆情案例中还是有不少值得推荐的范文。

案例5：2018年11月，某市发生"11·28"爆燃事故，一度引发负面舆情风波。但该市发布的那条关键性舆情回应稿件写得很专业，可以作为一篇范本进行推荐。

原文关于事件情况描述如下。

2018年11月，我市119指挥中心接报，桥东区大仓盖镇某化工有限公司附近发生爆燃。指挥中心第一时间调集6个消防中队、19辆消防车和约100名消防队员赶赴现场分析研判火情，组织扑救火灾，并对事故现场和外围实施临时管控。市120急救中心派出5辆救护车、46名医务人员前往现场救援。

市委、市政府迅速启动应急预案，公安、卫计、环保等救援人员迅速开展人员搜救、伤员救治、环境监测、人员疏散、隐患排查等工作。明火在28日凌晨2时48分基本扑灭。截至目前，现场救援工作基本结束，事故造成23人死亡、22人受伤，过火的大货车38辆、小型车12辆。

省、市两级监测结果表明：截至目前，设立的5个空气监测点位均未检出有毒有害物质，地下水监测未见异常。

分析点评：我们先来看该通稿第一段内容：11月28日21时40分，市政府新闻办召开新闻发布会，常务副市长通报了"11·28"爆燃事故有关情况。

语言简明扼要，时间、地点、人物、事情等要素一目了然，再辅以两张新闻发布会的现场照片，信息呈现十分清晰。特别是第二张"为事故遇难者默哀"的照片，十分有效地帮助舆论了解该市政府在面对突发事故造成巨大生命财产损失时的情感态度，最大限度地避免了舆情因情绪激烈而偏离正轨。

接下来，这份通报就以"事件情况""目前工作""下步措施"的三段结构展开阐述。这个部分的回应描述都尽可能通过数字形式加以呈现，说服力强，观感度佳。说明事故突发后，该市相关部门在后续处置、应急救援等方面的态度总体积极主动。另外，最难能可贵的还是整个事件描述中没有出现一个领导职务，没有提及一个领导姓名，这与以往"领导重视"占据较大比重的官方回应相比，已经显得十分难得。

接下来，就是关于工作部分的通报内容，基本描述如下。

一是全力搜救，全力抢救，不惜一切代价救治生命。按照省委、省政府领导的指示要求，调集最好的专家展开救治。目前，22名受伤人员中，2人在市第一医院救治，生命体征正常；8人在解放军××医院救治，其中3人危重伤，5人生命体征正常；5人在北京解放军××医院救治，2人在北京××急救中心救治，1人在北京××医院救治；另有4人轻伤已出院。

二是严防次生灾害发生。第一时间责令紧邻事故现场的某某公司采取紧急停产措施，并由市安监局牵头，公安、消防和某某公司技术人员进入厂区排查，消除事故隐患。协请相关部门迅速派遣有关专家到现场指导隐患排查和事故处置工作。

三是及时公开事故信息。在市人民政府发布的微信公众号和微博上及时发布事故信息和处置情况；与新华社等媒体取得联系，第一时间提供信息，借助主流媒体渠道及时发布事故权威信息，回应社会关切，保障群众的知情权。

四是做好善后处置工作。组建工作专班，确认死伤人员身份，做好家属接待、情绪疏导、抚恤善后等工作。

五是部署开展安全生产大排查大整治。迅速下发紧急通知，并召开会议专题部署，以化工厂、烟花爆竹生产销售等领域为重点，举一反三，在全市范围内迅速开展安全生产隐患排查整治工作，务求事故苗头第一时间得到有效处置。

分析点评：这部分内容以条目形式展现，简明、扼要、精准，从应急救援，严防次生灾害发生，到公开事故原因，做好善后处置，再到举一反三，部署排查，将事故突发后当地的工作进行了全维度的总体罗列，使用"责令紧邻企业紧急停产""协请派遣专家指导处置""与新华社等媒体取得联系，保障群众的知情权""组建工作专班"等平实语言，态度诚恳，语气缓和，且积极主动向媒体表达善意，不自觉地给舆论释放了一个"政府部门积极处置""主动邀请媒体参与""积极寻求社会互动"的信号。

原文关于"下一步措施"描述如下。

一是继续全力救治受伤人员，不惜任何代价救治生命。

二是全面排查整治，严防次生灾害发生。

三是进一步抓好现场搜救和全面警戒管控。

四是有力有序有效处置现场，全面排查，消除隐患。

五是依法依规、科学展开事故调查。由省应急管理厅牵头，省公安、消防、环保、交通、工会等部门和我市组成联合调查组，尽快查明事故原因，及时向社会公布。

六是依法依规追责。

七是全力做好善后工作。

八是举一反三，全面排查，继续深入做好事故隐患摸排整治工作。

分析点评：需要注意的是，回应原文里对第五条、第六条着重加粗，这可以有效强化舆论要先关注事故原因，后关注追责的因果逻辑，能够避免舆论因压抑、悲伤、消极等情绪干扰而出现的"盲目问责追责"的负面情绪，有利于舆论情绪的理性疏导。

案例6：2019年11月9日，有媒体报道称某医院以没有床位为由拒绝接收产妇，致其大出血后延误治疗，最终去世，引起舆论轩然大波。10日，该市人民政府门户网站发布了事件的初步调查情况说明。

回应原文如下：

2019年11月5日，市卫生健康委接到某医院报告，同时有网民发帖反映患者刘某某在某医院产后6天死亡。市卫生健康委第一时间组成调查组，第一时间约谈该医院院长，通过调取基础资料，查看视频监控记录，与刘某某家属、涉事医务人员面谈等方式开展专题调查。

经查，刘某某，女，39岁，我市某企业职工。2019年11月5日6

时，足月妊娠剖宫产术后第六天在某医院死亡。

2019年10月30日8：00：刘某某在丈夫闫某陪同下到某医院门诊就诊，医生对刘某某进行检查后开具患者入院通知单。

9：44：刘某某夫妇进入住院部医生办公室，被告知没有床位，可去××医院或去其他医院住院。

9：44—10：43：刘某某夫妇在住院部一楼大厅走动并多次接打电话，通过中间人联系产科主任高某艳（当时正在做手术）未果，后驾车回家（据闫某自述，其间曾联系距该院约20分钟车程的××医院，被告知有床位，但未去）。

11：20：高某艳手术后回到科室，了解到有病人出院，科里已有空床。

12：11：刘某某在家通过中间人联系到高某艳。高某艳得知刘某某正在家里吃饭，了解病情后，提醒刘某某有脑出血风险，马上到病房。

13：19—14：24：刘某某在闫某陪同下返回住院部办理住院手续并作术前准备。（13：25—13：36：闫某去办理住院手续，刘某某独自坐着轮椅在产科病房护士站走廊等候；14：11—14：14：刘某某在护士站进行术前准备，医生去产房取多普勒准备听胎心，护士李某一直在电脑前工作未顾及刘某某。其他时间均有医护人员陪护。）

15：14：刘某某剖宫产分娩，新生儿因高危入住新生儿病房，刘某某因病情危重接受抢救，后转入ICU病房救治。

11月5日6：00：刘某某经抢救无效死亡。

目前，涉事相关医务人员已停止工作，配合调查。针对刘某某家属诉求，待尸检报告出具后，我市卫生健康委将依照《医疗纠纷预防和处理条例》有关规定，依法依规界定并追究责任，绝不姑息迁就。

我们对刘某某去世深感痛惜，对其家属深表慰问。我们也感谢社会各界和广大网民的关注和支持，诚恳接受各方监督。

××市卫生健康委员会

2019年11月10日

分析点评：这是一份以时间推移方式综合回应舆论关于"5个小时里发生了什么"疑问的舆情回应通稿，为人们客观评价医患双方提供了相对全面的信源，同样也是一份值得推荐参考的范文。

第一，选择时间推移的叙述样式可以有效回应网上关于"5个小时里发生了什么"的舆论争议。发帖人反映产妇刘某某在医院被告知无床位耽误5小时后死亡，引发大量网民转发围观，热度急速攀升，这样的舆论环境下，回应公众迫切想知道的"5小时内到底发生了什么"，是挽回围观网民客观评论事件是非曲直的有效途径。需要注意的是，回应通报与舆情帖义客观上存在着一定的时间差。也就是说，职能部门发出的情况通报除了要确保信源真实等情况外，还要充分顾及因时间差造成的舆论情感立场先行的问题。面对舆论已经形成的质疑，仅仅笼统地用一段话讲清楚"5个小时"可能还远远不够，选择以"9：44；9：44—10：43；11：20……"这样分段式回应可以帮助人们进入时间场景，十分有必要。

第二，慎用情感语言描述关键细节，有助于树立事件的"裁判角色"。细读回应全文，会发现在回应舆论关键问题时，文章几乎没有带有个人主观情感色彩的修饰性语言，均是以最简短的语言讲明白这5个小时内发生的详细情况，向人们释放出当地卫健委调查的严肃、客观、公正的权威信号。我们知道，官方通报能不能让人信服，除了必要的事实支撑外，还在于人们能否在通报中读到客观公正的积极信号、正面观感，能否系统全面地将通报蕴含的信息解读到位，如果情感性语言用得过于频繁，就很容易在受众中造成解读分歧和误读错读，有可能会让通报陷入"有意护短""故意偏袒"这种有失公正的局面，引起一些不必要的次生舆情灾害，这也是为什么我们一直不赞同把官方通报写成官方评论的原因。

第三，通稿末尾的两段清晰表明态度，既尊重规则意识又释放人性温度。这样的医疗舆情，经常会凸显规则与情感"谁为第一"的情况，围观人群的情感往往会被带入"产妇已经死亡，家属已经够惨了"这样的共情场景，进而在后续观点表达中产生"对抗医院""声援家属"这样的冲动倾向，这时候就要在通报的结束语部分进行一些针对性地化解。我们可以看到，这份通报最后两段对于这部分信息进行了重点阐述。一是对涉事相关医务人员做出"停止工作，配合调查"的处理决定，发生这么大事，停止工作，配合调查是对患者家属、对医务工作、对社会舆论、对后续调查的一个交代。要注意的是，停止工作，配合调查并非已经就此认定涉事医务人员存在责任，而是一种必然需要履行的工作程序。二是针对刘某某家属诉求，提出了家属及公众都应该等尸检报告出来后，再依照《医疗纠纷预防和处理条例》有关规定，在法律规则框架下维权追责，有力地将话题拉回到了要在法律规则框架内进行讨论的理性轨道。三是作为医院主管部门，该市卫健委表达了对刘某某去世的痛惜和对涉事家属的慰问，释放了人性关怀层面上的善意。

三、舆情评论阶段

一般情况下，如果你在前面两个阶段已经掌握了舆情信源、通稿传播这两个关键主动权，那么接下来的舆情评论阶段对你而言，的确会轻松不少。但话虽如此，现实的舆情教训还是一直在反复地提醒我们，舆论从来不会完全按照设计者想当然的预定轨迹发展演变，特别是在舆情评论阶段，利用一些似是而非的观点，加入一些心理层面的暗示伎俩，就有可能将大众的视线、判断完全带偏带歪。比如，某地发生了一起违法犯罪案件，引发了舆论的广泛关注，即便你已经通过非常及时的官方渠道快速有效的在公共舆论场成功发布了真实信源和掌握了传播主动权，现实中也依然会发生一些可能令你意想不到的意外情况，特别是当一些媒体、平台、意见领袖抛出"让罪犯产生报复社会的原因是这个社会长期以来对他的严重不公"这些观点，在这些充满煽情色彩的评论文章影响下，大众难免会产生同情怜悯等情感。该行为用较为明显的与罪犯共情的感性心理来对峙理性舆论，是一种潜在的风险。

在这个阶段，新闻媒体、商业平台、意见领袖、普通网民总会想方设法地表达自己的观点和看法。这时候，如果理性客观的评论引导没有及时跟上，就有可能会让那些原本还十分坚定地站在客观、理性立场的网民，在阅读完这些看似"很有道理"的评论文章后，被带偏到另外一边，最终导致舆论出现情绪反复、观点震荡等负面状况的发生。

现在，社会对舆情处置的评论引导工作普遍存在一些误解和偏见，这是因为带有非常明确目的的引导，总是给人以动机不纯，刻意洗白的负面心理暗示，而一旦有了这层心理暗示，评论引导工作便很难开展到位。一方面是因为开展评论引导的工作者自己容易产生自我怀疑，认为这种怀有明确动机的评论引导工作不具有道德正义感，对于需要高度"走心"的评论引导工作而言，结局可见一斑；另一方面公众也会因为对动机论长期以来的心理偏见而对评论引导工作产生较为强烈的排斥感、抵触感。这在客观上形成了一个针对评论引导，特别是舆情处置的评论引导工作的现实困局。

对于我们来讲，这个困局一定要解开，否则评论引导工作不仅难以真正有效地开展，甚至还会受到这种心理偏见的影响而出现适得其反的局面，这样的例子并不少见。比如，我们经常能在官方发布的后续跟评中看到一些"支持""发布棒棒哒"这类无效跟评，这就是没有真正理解评论引导工作的核心要义的典型。

的确，舆情处置的评论引导工作带有十分明显的目的性、动机性和组织性，难免会让很多人产生工作动机不纯、工作方法不光彩、涉嫌颠倒是非这样的道德贬义观感，由此形成立场、思想、观点、认识等方面的偏见，可能也包括评论引导工作的组织者自己。

因此，我们需要明白一个基本事实：评价评论引导工作的最终标准，不仅仅是出于什么样的目的，基于什么样的动机，还应该是评论引导本身是不是基于客观的事实，得出的观点是不是充满道理，对人们形成了更加全面、客观、理性的判断是不是有帮助。比如，一家医院里发生了性质十分恶劣的伤医行为，给广大医护工作者带来了严重的心理创伤，面对网上一些无端辱骂、攻击医护人员的恶劣行为，我们的卫生行政部门、涉事医院、医疗界大V撰写了一些评论文章，去告诉人们要敢于旗帜鲜明地批驳这些"支持伤医""叫嚣杀医"的错误观点，引导舆论形成"伤医行为不对""要严惩这些违法行为"的理性氛围，事实上也存在很强的目的性、动机性和组织性。那么，我们能否因此认定这样的评论引导存在问题呢？再比如，革命战争年代，我们的党员同志长期潜伏于日本侵略者的内部，冒着生命危险窃取敌人的军事情报，同样也会存在很强的目的性、动机性和组织性。那么，是否也存在问题呢？

道理其实相当简单，只不过我们很多人都受到这样那样的心理干扰，对评论引导工作的真实意图还没有充分了解，或者说不屑于去深入了解而已。我们要清楚，及时有效地开展评论引导是保住前期官方发布及时，辟谣澄清及时而取得的舆情应对主动权的重要举措，往往关系着后舆情时期人们讨论是否还在客观、理性的舆论轨道内。

对此，舆情涉事主体自己首先要有主动处置的思想意识，面对突发舆情，要明白自己事实上有两大独特的舆情处置优势。

首先是信息优势。相比参与事件围观的新闻媒体、商业平台、意见领袖、普通网民，涉事主体掌握的舆情事件的线下信息一定会更全、更细，这是整个舆情处置评论引导工作的最大优势，因为只有基于全面、详细的线下真实信息，才能得出更能说服人们理性看待事件的评论观点。

其次是专业优势。舆情涉事主体因为长期从事与突发舆情有关的工作，不仅解读事件来龙去脉、前因后果、解决方案等一系列关键问题比其他外围人群更具专业性，而且更为关键的是这种专业解读是基于长期以来大量的实践工作经验及足够充分的专业知识，最有话语权。就是说，当舆情发展进入到舆情评论阶段，如果舆情涉事主体能充分利用这两大应对优势，主动开展一些针对性的科普评论和情绪引导，因为信息不对称、专业不对等原因而造成的误会一定会少很多。这会对形成真实、客观、全面的理性舆论氛围产生十分有效的正面促进作用，这才是评论引导应该具有的姿势。

比如，在应对处置新冠肺炎疫情相关舆情时，公众难免会对传染病发生、发展的内在机理缺乏系统性了解，特别是在评价疫情危害性的重症率、病死率两大指标上，不少人往往只看见一个地方感染新冠肺炎的确诊人数，却并没有同步去考虑这个地方实际拥有多少人口，由此形成了针对疫情总体形势的偏差判断。这时候，卫生部门、疾控中心等舆情处置主体部门就可以适时地组织一些针对传染病危害程度的科普评论，通过这些具有专业视角的评论来告诉大众：在我们已经广泛接种新冠疫苗的当下，新冠肺炎的重症率、病死率都在直线下降，虽然我们依然要对病毒严阵以待，但也要极力避免过度、过分的联想焦虑。

需要说明的是，从事舆情处置的评论引导工作，并不是一件容易的事情，需要具备正确的思想认识、充分的线下事实、准确的是非判断、足够的心理技巧等知识和能力。

第一，要有正确的思想认识。具体而言，就是要正确把握好三个问题，即正确区分政治原则问题、思想认识问题和学术观点问题。比如，在应对故意造谣生事、无端制造事端的炒作舆情时，就应该旗帜鲜明地组织评论批驳。对那些因为获取信息渠道不够、现实生活工作压力大而对舆情事件存在一些误解并产生了一些负面情绪，由此在网上发表了一些偏激评论的人，要本着包容的心态，通过全面翔实的知识科普、动之以情的讲理说理、富有想象的传播技巧等温婉方式，来帮助他们改变原先的偏激想法，引导他们更加客观地看到舆情事件的本质。如果因为学术研讨的需要，一群具备同等学术知识背景的专家、学者、教授在内部讨论一些敏感问题，发表了一些尖锐的观点，这是学术观点问题，要给予相对自由的空间。

第二，要有充分的事实信息作为评论依据。评论引导要真正赢得舆论的认同，一定是基于大量而充分的事实，前面讲过这是舆情涉事部门的最大处置优势。比如，一个化工企业因为员工操作不当发生了爆炸事故，爆炸瞬间的短视频在网上传开后，难免会引起舆论针对事故因何物质引发爆炸，现场造成了多大影响等一系列关联信息的猜测联想和话题讨论。这时候，作为一线处置部门，对于这起爆炸事故的爆炸物、周边影响等信息的掌握程度一定比外围人员更加全面，更加精准，如果处置部门在实时更新权威发布的同时，能从评论引导角度对爆炸物的化学属性、燃烧物质的环境影响等公众关心的问题，针对性地组织一些延伸性的信息解读，就可以对一些因为信息获取不充分，轻信坊间传闻而引起的恐慌性传言进行及时纠偏和矫正，这其实也是评论引导作为官方发布重要舆情的一种补充角色的体现。

第三，评论引导工作开展前对舆情总体演变形势的评估判断。需要指出的是，评论引导不是争一时之是，辨一刻之非，逞一时之能，而是要通过坚持正确政治方向、价值取向、舆论导向的良性观点沟通，去帮助大众进一步形成一个针对舆情事件产生原因、暴露问题、整改建议等问题的正面共识，最终来为责任部门、涉事主体、社会舆论形成有效解决方法合力提供一个可行的参考路径。也就是说，评论引导的目的并不是要跟谁去辩论个"你死我活"，而是要朝着可以促成现实问题解决的方向努力，这就需要涉事舆情主体在开展评论引导工作之前充分把握好舆情发展演变的规律和节奏，懂得恰如其分地提出问题，恰到好处地营造氛围。

比如，2016年4月，一名大学生因患滑膜肉瘤去世。之后，随着《青年×××之死》《一个死在百度和部队医院之手的年轻人》《×××怎么样了?》《你认为人性最大的恶是什么?》等一批文章在朋友圈疯传，舆情热度快速形成并在全网发酵。这时我们完全可以对已经形成的这股舆论力量进行因势利导，及时地组织一些针对性的评论引导，指出当前民营医疗乱象丛生、搜索引擎逐利竞价这些治理难点，将舆论力量引导成为开展医疗乱象整治，配合部门提供线索的强大民意势能。也就是说，真正有效的评论引导，是紧跟舆情发展变化，并在充分的社情、民情、舆情分析基础上形成的最能帮助解决线下问题的参考建议。

第四，评论引导要运用心理学层面的沟通艺术。情绪舆论在互联网舆论中占有相当大的比重，这就意味着评论引导工作不仅仅需要呈现大量的舆情事实信息，还要辅以情绪安抚、心理疏导、良性沟通这些心理引导艺术，否则即便人们知道事实的确如此，也依然会因为言语太过"冷冰冰"而不会给予明面上的支持。所以，我们可以根据评论引导侧重点的不同，将评论引导分为事实引导、情感引导和心态引导三个大类。

第一类是事实引导。例如，某地一个文旅综合体项目因为舆论场域里特殊的对日情绪而引起了争议。曾有篇题为《不信谣不传谣　为××人民说句公道话》的评论文章快速传播，虽然这篇评论文章写得相当不错，但还是不自觉地陷入了"对错式"站队陷阱，给那些正常质疑当地文旅商业综合体建设的网民扣上"有意挑刺""干扰捣乱"的谴责暗示，由此遭到了网民的持续"反怼"。我们需要明白的是，在很多类似的舆论风波中，人们质疑的本意并不是项目本身是不是合理合法合规，而是因为项目建设的特定区域、特定背景让人产生了很自然的不良观感联想，并且这种情绪联想因为不能及时得到官方的针对性回应，产生了许多怀疑当地是否已经滋生了媚日思想的猜想，这才是舆情的深层次问题。

第二类是情感引导。这类评论引导较为注重道德正义性。在基于事实的基础上，通过强化一些道德议题来帮助公众形成与事实方向一致的情感共识，是这类评论的核心特征。比如，一起社会案件引发广泛关注后，一些出于营销、博眼球等逐利目的的账号就会刻意渲染杀人者的悲惨身世及受压迫的遭遇，想方设法地制造出"犯罪分子是因为社会对其不公被逼无奈报复社会"这个带有强烈道德情绪的讨论议题。这种情况下，仅仅就事论事的评论引导并不能收到预期的正面引导效果，要让人们避免被这些不良议题带偏，只有在呈现事实的基础上，去针对正面的道德议题做一些强化，在情绪引导上加一些疏导，比如指出"如果违法者无罪，那么被害者家属的痛苦谁来感受"这类可以帮助人们返回理性道德认知的细节。当然，这类基于道德情绪引导的评论，并非指不摆事实，不讲道理，而是在摆事实，讲道理的基础上，通过强化正面道德议题的评论方式来疏导公众可能产生的负面情绪，以达到引导成效的预期效果。

第三类是心态引导。这类评论较为专注心理层面的疏导引导，看起来是针对当下某起舆情事件，实际则是透过现象看本质，通过认真分析、深入解构舆论事件中不同群体的真实心态，来帮助大众更加真实地了解自己，进而对今后遇到类似事件时自己的表现提前注入心理预期。比如，当舆情因为一些谣言而在网上大肆传播时，我们可以针对谣言形成的原因进行一些心理层面的剖析，提出诸如"人是社会性动物，人们往往会对有共同立场、共同兴趣、共同经历的圈群信息表现出比较强烈的从众倾向""就像上面这条谣言信息，在成员数量越少、线下关系越紧密的圈群里的传播，从众倾向要更强一些，这是因为群员之间已经形成较为牢固的信任黏力""舆论中还会产生一种类似多米诺骨牌的传播叠加效应，即经历环节越多，经手越久的消息，失真度就会越高，这是因为每个人都会根据自己的理解、偏好，对传播到自己的信息进行再筛选，再理解，再判断，以将信息包装成他们自己认为最有说服力的信息"一系列带有心理剖析属性的评论引导，会在今后大众再次遇到谣言信息时，起到一个十分必要的预警效果。

总而言之，每个人因为年龄层次、知识建构、社会阅历不同，对于一个热点事件的判断和评价也不同，有可能身在局中而不自知。如果我们的评论引导能帮助这些人在一步步分析舆论的过程中了解自己，久而久之他们便会形成一种基于客观、理性的舆论习惯，而这些才是评论引导工作的最终目标。

四、舆情营销阶段

前面章节已经讲过，舆情历经形成、传播、评论三个阶段之后，就会进入舆情营销阶段。这个时候，一些带有商业行为营销动机、利益行为营销动机、干预行为营销动机的营销账号就会想尽办法进行舆情营销。对于他们，我们也要采取针对性的举措加以防范和处置。

首先，对于具有商业行为营销动机的营销账号，例如，对推出"疫苗险"的保险公司账号等营销团队，要及时线下联系这些营销行为背后的责任公司、运营团队，就这种错误的营销行为提出口头交涉，同时建议网络主管部门、上级责任部门同步约谈，给予其一定的压力。此外，还可以通过法律途径将相关情况举报给刊发营销内容的网络平台，以督促平台切实履行维护正常舆论秩序的主体责任。比如，以某房地产公司蹭"38元大虾"热点推销楼盘为例，因为这种营销行为违背了广告法相关内容，作为房地产公司主管部门的住建局和作为市场广告主管部门的市场监管局，应组成联合约谈组，就该房地产公司的这种营销行为进行线下约谈，督促其进行整改。

其次，对于具有利益行为营销动机的营销账号，特别是通过移花接木、篡改发生时间等方式进行营销的行为，我们完全可以通过线上集中举报的方式来加以应对，处置效果可能要比单一的走内部行政渠道要好得多。从心理学层面讲，这类营销账号的最终目的是借助舆情热点来提升账号影响力、扩大传播面，实现流量变现，而不是真的要和网络主管部门作对。也就是说，如果我们能够在第一时间就通过集中举报的方式让其感受到传播张冠李戴的谣言已经引发了关注，它们就会担心账号是否会因为传播虚假信息而遭到平台封禁，对于迫切想要流量的它们而言，这无疑是灭顶之灾，它们就会在收到已有多人举报的提示的时候，自行删除那些容易给自己带来麻烦的信息。另外，我们还可以利用互联网行业协会、自媒体联盟等社会团体力量，及时向社会发布本地自媒体是否真正履行社会责任、维护正常舆论传播秩序的情况，以形成导向上的舆论监督。

最后，对于具有干预行为营销动机的营销账号，特别是在舆论热点高热运行时期通过各种戏谑段子、拼接视频、煽情鼓动等撩拨人们情绪的账号，要及时上报公安部门，全面调查其背后可能存在的不法行为。

———————

本节重点：

1. 舆情应对，是一门技术活。不同的舆情阶段，需要采取不同的应对策略。

2. 舆情发生阶段，处置工作的重点是要确保舆情信源的真实性。处置舆情信源的操作步骤大致可分为情况核实、信源分类、分级应对三个。

3. 第一篇用来抢时间表态度的网络通稿样本写作结构可归纳为三句（段）论，即：第一句（段），描述现状，什么时间，什么地点，发生了什么事情；第二句（段），工作进展，针对发生的事情，涉事部门、主管单位已经做了哪些工作，比如××时间到达了现场，现场救出多少人员，有多少人送到了医院等；第三句（段），介绍后续情况，接下来准备怎么做，提供一个解决这个舆情暴露问题的工作方向。

4. 好的舆情信息的官方通稿不仅应具备足够的文字水平，还要精准把握舆情发展演变规律及对舆情潜在风险的基本预判能力。

5. 社会对舆情处置的评论引导工作普遍存在一些误解，这是因为它是带有明确目的的网上舆论引导，难免给人以动机不纯、刻意洗白的负面心理暗示，而一旦有了这层心理暗示，评论引导工作便很难开展到位。

6. 评论引导可以按照目标不同进行大致分级分类。初级目标只注重就事论事，缺少人情温暖；中级目标是融入道德议题；高级目标则在于引导社会心态。

舆研评估

一、掌握舆情规律是舆商思维的专业体现

规律需要研究，风险需要评估，这是有效应对网络舆情方方面面不确定因素的基本原则。目前，我们对于舆情规律的研究大多还停留在宏观指导层面，过于理论化、学术化。"学用脱节"的情况一定程度存在，这是因为不少人研究舆情都不自觉地陷入了"以学术论学术""以理论讲理论"这些机械套用主义的研究误区，通过发明一些新概念，制造一些新名词等方式，来形成所谓的舆情研究成果，实际上不过是"换汤不换药"，对实践层面的舆情处置作用并不大。

舆情，特别是互联网舆情，千万变化，充满着各种不确定性，每个舆情背后都有其特定的事实成因、心态成因、社会成因，需要我们具体问题具体分析。比如，每次因为极端自然天气等原因而引发网络舆情，都会出现不少移花接木、张冠李戴视频类谣言信息，应对这类谣言信息导致的舆情，就要首先分析哪些网民是出于"随手转"的心理，哪些是

为了达到博眼球的营销目的，哪些又是真正出于恶劣造谣目的。只有首先做好舆情态势、规律研究、风险评估等舆研方面的工作，才能精准有效地给出相匹配的舆情应对处置策略。比如对于无心转发的，要侧重加强意识引导，要以疏为主；而对于那些有意从境外倒灌煽动性谣言信息的，则要全面彻查其背后组织，加大线下打击。

现实中，我们常常会有很强的"头衔迷恋"情节，认为只有那些泰斗、专家级的人物才能帮助我们处置好各类突发的网络舆情。然而，实际情况可能并不是这样，这并不是因为他们的专业能力不行，而是因为研究实战舆情与研究其他学术领域并不一样，往往需要花大量的时间去全身心地投入舆情发展演变过程当中，而那些可能被我们视为"座上宾"的专家也许并没有足够的时间去揣摩这些细节，有的可能连相关平台的账号都没有，又怎么可能会在关键时刻给舆情涉事主体足够"含金量"的舆情处置建议呢？

二、舆研需要大量实践经验的积累

舆情应对是一门具有实操属性的工作，讲得再天花乱坠，最终还是要落到能不能有效指导现实舆情应对的实操层面上来，否则只能是纸上谈兵。

本书所讲的舆研，是指舆情规律研究、舆情心态剖析、舆情民意分析、舆情应对路径等一系列针对现实舆情表象下的深层次原因分析，可为网络舆情涉事主体提供决策参考、问题分析、风险化解等帮助。

比如，在垃圾焚烧项目、基站设施建设、核电工程开发这类重要民生项目开工建设前，我们完全可以就形成局部热点、促成全网讨论、出现境外关联这三个舆情发展演变阶段，提前进行一些舆情规律性的模拟推演，进而针对项目公示后可能引起网上话题争论，诱发群体事件等突发舆情情况，进行专门的潜在舆情风险因子评估，以制定精准的化解策略。

第一个阶段：形成局部热点。项目环评公示引发社会关注后，当地朋友圈、微信群、QQ群等社交圈群、互动论坛有可能会出现许多涉及项目选址、何时开工、造成哪些影响等一系列话题的关联讨论，局部的网上话题热点很快就会形成。这种情况下，周边利益人群、周边房地产商往往会出于担心自我利益受损，希望得到更高补偿等利益动机，在一些业主群、客户群、楼长群等具有明显利益诉求倾向的互动社群圈群中发表煽情性言论，以尽可能地鼓动更多人加入"呼吁叫停项目""号召全民抵制"的队伍，从而形成一股强有力的舆论势能。这里面，房地产商、售楼处出于房价下跌、销售受阻这些十分直接的商业利益，主要通过组建互动社群、发布动员信息等方式，想尽办法去拉拢存在共同利益诉求的购房业主、潜在客户、周边人群，是这个阶段舆情的实际发起人；而那些响应加入的业主、潜在客户、周边人群最开始大多是处于观望状态，他们闻风而动，听风而行，以响应、声援、传播等附和行为为主，他们不会自己主动站出来去当"带头人"，这是因为他们深信即便是自己参与了抵制，只要不是发起人，而人数又足够多，哪怕之后遭遇"秋后算账"，也不会殃及自己。

第二个阶段：促成全网讨论。局部话题热点一旦形成之后，就会在微博、微信、头条、知乎这些舆论平台产生关联效应，通过热门话题、热搜这样的形式引发更大的关注和讨论。需要注意的是，这个时候舆情的地域标签属性会逐步淡化，人们会越来越多地去关注这个项目的建设动机、生产工艺、环境影响等关联问题，而不会过多地去纠结这个项目到底建在哪里，周边居民是什么反应，这是因为对于这些身处外围的新闻媒体、商业平台、意见领袖、"吃瓜群众"而言，如何借助这个舆情热点表达自己的意见诉求才最为关键，至于当地居民真正的想法到底是什么样的，他们并不会太过在意。这样的心理造成了一个必然的局面：看起来像是当地人们在表达着针对项目的观点意见，实际上很可能是其他地方的人们在借机表达对他们当地潜在建设类似项目的意见看法，而这还是没有将那些怀揣各种"流量利益""维权诉求"的干预势力借机炒作、营销的可能风险因子评估在内。也就是说，通过这样的舆情风险模拟评估，我们至少可以摸清在这个舆情阶段可能会出现哪几种舆情场景，给我们有效化解这些风险因子提供决策依据。另外，我们还能依此模拟出许多不属于该项目却容易转嫁到这个项目的潜在风险因子，为后续实际处置工作提供充分的场景模拟。

第三个阶段：出现外部关联。基于强烈的意识形态偏见、对抗立场，西方媒体主导的境外舆论一直具有比较明显的反华主义、排华主义立场，这将是今后一段时期的境外舆论常态。随着中国的国际地位日益提高，这种来自舆论层面的对抗将难以避免。也就是说，这些重要民生项目一旦在网上形成舆情热点，境外舆论势必介入炒作。而从近年来的动向来看，外部势力对与民众息息相关的热点事件越来越感兴趣，通过重点选取境内教育、环境、治安、食品、卫生等热点舆情事件，将其引流至国际舆论场，试图将中国国内问题国际化、社会事件政治化、个体问题普遍化。这个阶段，境外一些网站也会集中通过"杜撰细节""捏造谣言""夸大负面"等手段完成舆论素材的原始积累，形成可供西方主流媒体援引转载的素材源。之后，一些西方主流媒体网站会趁机援引报道，二次传播，以"深度社论""专题报道"等形式评论揣测我国政治动向，完成境外舆论的主流定性。这就意味着，一旦舆情进入这个阶段，将会给这些项目建设带来巨大的舆论阻力。

要防止出现这些风险情况，我们就一定要把舆研工作摆到重要的位置上。具体来讲，这里所说的舆研工作，就是要在重大政策、重要决策、重点项目正式发布之前，通过类似前面四个阶段的各种情景风险评估模拟，来帮助决策部门形成一套行之有效的、真正具有实操价值的风险化解预案。

需要说明的是，实际操作过程中的舆研评估，并不会像前面说得那么简单，而是要综合线上线下方方面面的实际情况，并在充分结合项目前期已经开展的社会稳评、项目环评方面结论后，才能形成一份针对舆情层面可能产生各种风险的详细处置应对方案。

三、怎么写好舆研评估报告

一般而言，舆研的评估报告主要涵盖舆情态势分析、风险因子分析、应对解决建议这三个共性部分，以及一些根据实际需求而加入的个性化定制部分。

第一部分：舆情态势分析。它是指对当下一段时期网上舆情形势、热点议题分布、情绪烈度状况、人群思潮动向等舆情总体态势方面进行一个大致的综合论述，是为接下来所要进行舆研评估的项目进入舆情模拟场景后提供一个基本的背景资料，这么做的目的是给项目的决策者提供一个能够快速融入舆情语境的便捷路径。因此，这块内容主要是针对项目涉及的领域在网上具有怎样的舆情热度，以往类似项目引发舆情争论的关键点在哪里，情绪舆论对这类项目的反馈权重有多少，参与这类舆情讨论的人群分布如何这些背景问题进行综合论述，以帮助决策部门、主管单位、舆情主体更加全方位地了解项目一旦进入舆情语境后会发生什么样的舆情情况。当然，这块内容需要借助第三方的大数据软件检索手段，通过设置关键词、关键字、字母简写、图片样本等一切可以用来准确标记项目的代号，来尽可能多地从舆情场域中收集与项目有关的以往舆情样本，进而通过SPSS等一些常用统计软件进行数据分析，为后续项目进入舆情场域后可能出现的各种舆情状况进行相对精准的"画像分析"。需要指出的是，大数据软件检索的确可以为我们定向收集与以往项目有关舆情样本节省不少时间，大大提高了舆研评估工作效率，但不能形成软件依赖，这是因为并不是所有的网络账号背后都是一个真真正正存在的人，它们很可能是一批机器账号。这样的情况曾不止一次地出现，比如：共和国勋章获得者、中国工程院院士袁隆平因病逝世，各大新闻热帖下就有不少疑似娱乐圈打榜的账号将"袁老"错写成了"衰老""哀老"，这些都充分说明第三方关键字爬虫技术软件抓取的舆情样本仍然存在走偏走歪的可能，往往需要我们在数据抓取之后进行及时的人工校对和样本纠偏，以确定舆情样本真实可靠。

第二部分：风险因子分析。它是指在项目已经开展稳评、环评、可行性评估等相关工作的基础上，针对项目进入舆情场域后可能诱发各种网络舆情潜在风险的全面排查评估，主要包括利益诉求风险、舆情营销风险、议题争论风险、负面解读风险、政治带离风险、技术安全风险等。

利益诉求风险，主要是指因为项目开工建设可能会遭受直接利益损失或潜在利益损失的企业和个人。比如前面提到的房地产商、售楼处担心因为垃圾焚烧项目启动建设而造成商品房价格下跌，已经签订购房合同的业主会因为项目启动建设而担心房价无法达到预期的升值目标，如果项目涉及拆迁，还会出现纳入拆迁范围的人希望获得更高补偿，没有纳入拆迁范围的人希望也能纳入拆迁范围等方方面面的利益诉求问题。随着项目经公示程序进入舆情场域，他们最先在当地业主群、房产群、维权群等互动社群中表达公开反对意见，是项目形成局部舆情热点的主要人群，他们大多存在明确的具体诉求，可以通过一些针对性的社群观察、舆情分析加以精准评估。

舆情营销风险，主要是指当项目在舆情场域引起一定热度后，出于扩大影响、博取关注等各种营销动机而密集出现的看似与项目有关的营销类文章、帖子。比如，之前一些地方发生了邻避事件，在舆情热度高位运行期间，出现了一批《揭秘：某某事件的底层黑幕》《惊！某某事件是史上最大暗箱操作》极度夸张、标题与内容严重不符的营销文章。我们可以发现，这类文章在舆情中出现的概率、频次、数量往往与舆情热度正相关，可以通过构建一些以舆情热度为基准的统计模型对其加以提前研判评估。这也是整个舆研评估报告中比较具有数据说服力的部分。

议题争论风险，主要是指因为舆情特定的场域背景导致舆论会针对项目涉及的敏感领域、生产工艺、个别细节、部分观感等方面进行聚焦式讨论。比如，因为受到国际地缘政治关系变化、国内舆论动向变化这些互联网场域的特定舆情语境影响，人们普遍存在一种针对某个特定标签、某种特定话题、某个文旅项目的观感不适，形成了一种舆论场域下的议题风险，容易引起泛政治化、泛意识形态化的无谓争论，需要提前加以分析和研判。对于这类议题争论风险的舆研分析，一定要结合特定的舆情语境，否则难以得出真实可靠的结论，这是舆研评估报告第一部分要重点论述舆情总体态势的原因之一，这也是整份报告最能体现舆研专业性和含金量的部分。

负面解读风险，主要是指一些流量平台、意见领袖、干预势力出于制造争议，渲染对抗等目的，对项目进行一些带有明显误导性质的偏离解读，以增加舆论的争论性。比如，在针对垃圾焚烧项目处理工艺的评论时，他们只提垃圾焚烧可能产生高致癌物二噁英，并称其比砒霜毒百倍，却只字不提焚烧工艺已经重点针对二噁英污染源实施了加强源头削减，优化过程控制和完善末端治理等全过程治理，并且有意将垃圾焚烧厂的异味与二噁英联系在一起，给那些不明真相的人造成到处都是二噁英的错觉，而实际上二噁英无色无味，与垃圾本身的异味没有关系。这种负面解读风险对人们的误导性大，对舆论的破坏性强，是后续舆情应对中的难点问题，这是因为他们抓住人们对于项目涉及领域存在不同程度的信息不对等，知识缺乏，认知不足等客观盲区，而且这种客观盲区很难在短时间内快速改变，更何况这里面还存在情绪舆论的潜在干扰。

政治带离风险，主要是指项目进入舆情场域引发连续话题关注后，可能引起一些境内外干预势力的跟踪关注。他们通过明显带有政权敌视、意识形态炒作等攻击性议题，将项目舆情彻底拖入泛政治化的舆论陷阱。比如，利用舆论已经形成的对抗情绪，刻意制作一些"控诉公职人员打人""号召大众起来反抗"带有强烈煽动性、鼓动性的谣言视频、文字图片，这也是后续舆情出现关键性转向偏离、异化的标志点，如果出现上述情况，通常意味着舆情已经开始威胁意识形态安全。这是整个舆研评估报告中最为重要的涉及底线部分。

技术安全风险，主要是指项目公示网站、后台服务器等网络安全技术层面可能遭到各种来路不明的黑客、组织、势力攻击的风险。比如，通过篡改公示结论，宣扬反向标语，窃取后台数据等方式进行各种网络安全技术层面的破坏行动，以制造舆论层面的破坏性事端。随着国际地缘政治形势的复杂变化，这种技术层面的安全风险呈现不断上升态势，一旦稍有闪失，后果将不堪设想。需要警惕的是，我们现在很多主管部门、涉事单位在这方面的意识和能力还相当滞后，特别需要一份翔实的舆研评估报告予以时刻提醒。

第三部分：应对解决建议。这是舆研评估报告的点睛部分，也是顺着前面舆情形势综述、风险因子评估的逻辑顺序而得出的具有实际操作价值的部分。要注意，这里提到的意见建议，不是"及时发布权威消息""加大正面舆论宣传"这些泛泛而谈的大调调，而是高度匹配第二部分风险因子评估内容而形成的"一对一"清单式建议方案。也就是说，每一个风险因子都要匹配一个操作详细、流程全面的定制子方案。

事实上，要做到这些并不容易，不仅需要舆研工作者前期查阅大量现成的舆情数据资料，全面研读项目建设的可行性报告、环评报告、稳评报告等项目有关资料，还要通过调研走访等各种方式获取社情、民情、舆情等方面的反馈信息，最终基于尽可能全面的信息，经反复推演模拟，得出相关结论，给出相关建议。

比如受疫情影响，全国多地涉疫情的话题成为网络平台、网络社群圈群的热点，并出现了叠加重要节点、重大赛事热度的舆论蔓延态势，一定程度呈现出疫情、舆情、社情"三情交织""三情蔓延"的复杂态势。这时候，我们就可以针对疫情进行专门舆研风险评估，为一些地方应对类似突发舆情提供具有实操价值的参考建议。

一是应对信息失真提出建议。总体而言，公众对于传染病发生、发展的内在机理普遍缺乏系统性了解，比如评价疫情危害性的重症率、病死率两大指标，导致不少人往往只看到地方感染新冠肺炎的确诊人数，却并没有同步关注这个地方实际拥有多少人口。也就是说，网上那些声称"疫苗无用论"的文章，实际上是抓住了这部分人群"只看已经确诊了多少数量，却忽略了因为打了疫苗而成功避免了感染的人群"的惯性心态，进行误导性传播。这是一种典型的信息失真，而造成这种信息失真的主要原因，还是缘于长期以来大众普遍缺乏传染病领域的专业知识。

二是应对心态失衡提出建议。受全员核酸检测、临时封控管控等各项疫情防控应急举措及线上疫情相关信息的影响，大众的心态难免会出现失衡状况，这给那些带有焦虑、担忧等煽情式网文留下可以借机营销的土壤。比如，将未经证实、道听途说的信息作为网文信源加以渲染传播，利用的就是公众不自觉的这种失衡心态。

三是应对情绪失调提出建议。情绪舆论在互联网舆论中占有很大的权重，很容易发生一传十、十传百的情况，特别是在圈子相对封闭、思想相对认同的互动社群圈群中，难免会造成恐慌性情绪传染，进而影响整个舆论走向。比如，一些人会在情绪失调的影响下，去进行错误的有罪推定，将疫情造成自己出行受阻、生活受影响等临时应急处置的原因归罪到确诊病例身上，甚至在公开平台上、社群圈群中对确诊病例、无症状感染者进行情绪式辱骂，给正常舆论环境造成负面干扰。

再如，从这些年来西方舆论持续加大对瑞典"环保少女"、日本核污水环保标准等环保议题的炒作迹象来看，他们通过暗地扶持一批极端环保主义者、NGO组织、社会机构，假借"环保机构""业内专家""生态保护"等具有强烈蛊惑性、迷惑性的环保口号，进行线上线下关联炒作，以最大限度阻挠我国的生态建设工程。而这些项目正在成为之前炒作极端动保议题之后的舆情高敏性议题。这同样可以通过及时的舆研风险评估予以防范。

提前做好应对防范准备，一是要对环保认证机构账号保持足够的清醒。通过分析我们可以发现，当前微博、微信、知乎、抖音、头条等互动平台上存在着许多以"生态""环保"等口号性词语命名的"蓝V机构"认证账号，加上经常性发布"成为官方组织会员""受邀参加官方活动""已成为官方环境认证机构"等信息，容易给人以"权威组织""官方机构""正常环保卫士""正义环保组织"等正面人设观感，具有极强的舆论迷惑性。有关部门除了加大对这类机构进行背景彻查和线上专项清理外，还要针对性加大网上舆论的正面宣传引导，尽可能地帮助网民进一步树立对这类机构账号的多信源核查意识，比如可以通过在搜索平台输入"账号名称+欺诈/敛财"等联想关联字、词组来帮助大众更加全面辨识这类环保认证机构账号的深层次内涵，避免被其表面的伪装"保护色"所蒙蔽，而成为其甚至外部势力干扰网上传播秩序的"炮灰"。

二是要对高频出现的舆论话术提高警惕。通过分析我们可以发现，相比以环保敛财、舆论敲诈为单纯目的的利益性环保组织，那些抛出看似正常的环保议题后，却不断通过跟评互动、跟帖动员等方式大量加注使用"集权""人权""自由""专制"等带有强烈影射用意的组织要更有破坏性。对此我们需要引起更高的警惕，要时刻注意这些组织与境外一些政治组织的关联动向及其内部会员在社群、朋友圈等个人互动账号响应传播的一系列线上线下关联动作。根据前面的预判，我们也可以提出一些针对性建议，比如在及时开展线下核查的同时，应该将如何有效识别带有强烈政治目的的极端性组织纳入各地领导干部必备的培训课程。

三是要把引导舆论提前形成环保议题的正确氛围摆上重要议事日程。互联网舆论往往存在较为明显的"先入为主"倾向，如果我们发现对手已经开始预热极端环保议题氛围，却没有第一时间进行纠正纠偏，任由这些极端环保议题被刻意创设、传播并加以渲染强化，后面再想去引导处置，将十分被动。

总而言之，舆研评估就好比医学领域的预防医学，应防患于未然。随着互联网舆论逐步融入社会生产生活，我们坚信舆研评估将会成为互联网舆情领域的一门新兴学科，且具有十分广阔的市场前景。因为对企业来说，面对舆情危机可能带来声誉折损、股价下跌的潜在风险，提前多花点时间和精力进行舆研风险评估，是一本万利的事情。

本节重点：

1. 舆研，是指舆情规律研究、舆情心态剖析、舆情民意分析、舆情应对路径等一系列针对现实舆情表象进行的深层次原因分析，可为网络舆情的涉事主体提供决策参考、问题分析、风险化解等帮助。

2. 舆情应对是一门具有实操属性的工作，讲得再天花乱坠，最终还是要落到能不能有效指导现实舆情应对的实操层面之上，否则只能是纸上谈兵。

3. 实际操作过程中的舆研评估不会像我们想得那么简单，而是要综合线上线下方方面面的实际情况，在充分结合项目前期已经开展的社会稳评、项目环评方面结论后，才能形成的一份针对舆情层面可能产生各种风险的详细处置应对方案；一般而言，舆研评估报告主要涵盖舆情态势分析、风险因子分析、应对解决建议这三个共性部分，以及其他一些根据实际需求而加入的个性化定制部分。

4. 应对处置建议是舆研评估报告的点睛部分，是顺着舆情形势综述、风险因子评估的逻辑顺序而得出的具有实际操作价值的内容。这里提到的意见和建议，并不是"及时发布权威消息""加大正面舆论宣传"这些泛泛而谈的大调调，而是高度匹配第二部分风险因子评估内容而形成的"一对一"清单式建议方案。

风险处理

应对处置互联网舆情时，我们除了需要提前研判一些潜在的网上风险外，还要学会应对因为情绪干扰、事实不对称、心态失衡、负面聚焦、制造事端等导致的各种网上突发情况。

情绪舆情、事实舆情、动机舆情，构成了互联网舆情的三大权重要素，是我们开展舆情风险处理的基本前提。

情绪舆情，主要是指对舆情事件涉及的特定人群、特定领域、特定标签产生了弱势同情、主角共情等情感而出现的一系列舆情层面反馈的总和。情绪舆情具有较大的不稳定性，易受首因效应、近因效应、晕轮效应等影响而变得反复、排异和焦躁，是互联网舆情应对处置中的最大难点之一。比如，当一名罪犯被有意识地渲染成为"平时为人老实""待人和蔼可亲"的正面舆论形象后，舆情层面就会出现许多声援罪犯的声音，且难以通过一般性讲理改变，这是因为强烈的情感印象在告诉大众：凶神恶煞的样子才符合大众对于罪犯的模样画像，平时为人老实、待人和蔼可亲的人不太可能是罪犯。而一旦这种情绪积累到一定阈值，就会在舆情层面引发情绪质变，让大众越来越不愿意接受任何带有反驳自己意图的声音和观点，哪怕只有一点点，也会让大众的情绪失控。

事实舆情，主要是指真实、全面、客观的事件信息在舆情层面应该呈现的舆情画像总和。事实舆情具有相当程度的稳定性，不太容易受到其他因素的干扰而发生大幅度的偏离。虽然表面上看起来舆情总是给人以非理性、情绪化的刻板印象，但实际上舆情对于事实的反馈总会保留着该有的主流理性。比如，罪犯应当受到法律严惩，不孝敬父母应当受到社会唾弃，哗众取宠的媚俗低俗恶俗行为终究要被时代抛弃，只不过很多时候因为事实没能及时呈现而被掩盖了而已。事实舆情是整个舆情事件后续发展演变的内核，是情绪舆情逐步褪去之后事件在舆情层面呈现的原本应该呈现的样子，是我们制定舆情应对处置系统性实操方案的基本前提。

动机舆情，主要是指不同利益、不同立场、不同价值的不同群体试图借助舆情事件表达利己诉求，达到利己目的而形成的舆情反馈总和。动机舆情具有隐匿性，往往不易被察觉，是造成舆情后续折向、偏离、质变的主要风险。比如，房地产商介入周边垃圾焚烧项目建设舆情时，肯定不会直接表明"我就是周边房地产开发商，你们这样建设会直接影响到我楼盘的销售"，而会想方设法通过各种网络账号潜伏进入周边利益群体的互动社群、网络圈群当中发表类似"垃圾焚烧会产生大量致癌物，将严重威胁周边业主的身体健康，甚至还会造成未出生幼儿的先天畸形""只有业主们团结起来联合抵制，才能逼迫政府另外选址"的煽动性言论。相比情绪舆情和事实舆情，动机舆情对整个舆论氛围的破坏性较大，如果不能及时采取有效措施加以应对，容易在后舆情时期诱发一系列负面关联反应。

　　那么，基于舆情风险权重要素的分类，我们可以进行一些行之有效的技术处理，来针对性化解和防范。

　　有一部抗日题材的电视剧因为主角抹发胶、住别墅、人人一挺机枪等一系列"雷人"的剧情设计，在舆论层面引起了轩然大波，遭到了社会的一致批评，后该剧遭到了撤档、下架等处理。当时，剧组曾发布情况说明试图安抚舆论负面情绪，期望得到公众谅解。

　　显然，从社会舆论的反馈情况看来，这次舆情危机应对工作失败了。我们同样可以从情绪舆情风险处理、事实舆情风险处理、动机舆情风险处理三个角度来进行条状分析。

　　首先，是情绪舆情风险处理方面出现的问题。情绪是对一系列主观认知经验的通称，是人对客观事物的态度体验以及相应的行为反应，一般认为，情绪是以个体愿望和需要为中介的一种心理活动。通俗地讲，情绪就是人对人和事物客观形象、主观印象的直觉判断，具有随意、简单、粗暴、轻易等特性。事实上，情绪舆情也是如此，处置情绪舆情的核心是维持、纠正、调适好舆情事件在舆论层面的整体舒适观感，以让大众不受其干扰、破坏而影响到他们对事实舆情和动机舆情的客观认知。也就是说，情绪舆情风险处理其实涵盖两方面的内容，一是内容观感的设计，二是外在观感的调适。以剧组发布的情况说明为例，在内容观感的设计上掉进了对错陷阱，陷入了辩解思维。该剧之所以引发大量批评，并不是因为演员过于年轻，女演员穿裙子这些表面的细节问题，而是因为抹发胶，住别墅，人手一挺机关枪，军官抛媚眼这一系列偶像剧般的剧情设计实在太过离谱，太过雷人，并由此让人产生了强烈的对抗情绪。这种情况下，在回应通稿的内容一定不能陷入强行辩解的对错处置陷阱，要懂得遇软而切，遇硬则弯的道理，切忌"逆流而上""正面硬怼"。这篇通稿列举的所谓战地救护队女队员裙装问题，年轻演员不适合出演八路军将领，爱国师长战场抽雪茄、喝咖啡形象等问题，事实上都说明该剧组已经不自觉地陷入了"强行辩解"的情绪舆情处置雷区，这相当于强化着"我没有错，是你想多了"这样的情绪矛盾，这是处理情绪舆情风险的应对大忌。

绝大多数网民而言不会像演员一样产生角色代入感，也不会站在剧组的视角、剧组的立场去看待问题，思考问题。也就是说，在设计情绪舆情风险回应的内容时，不能有"舆论应该理解""网民必须谅解"这样的幼稚想法，否则只会让你更加被动；要转变到"我要尝试地去理解舆论""我应该怎样去说服舆论"的调适思维上。当然，这并不是说舆情处置就是要盲目地迎合那些明显偏激的情绪主义观点，而是说当舆论的确反映出自己存在一些问题的情况下，要懂得"服软"，并在内容观感的设计上做一些技巧性的调适，因为对于绝大多数人来讲，他们较真的并不一定是"有没有发生了问题"，而是"发生问题之后，涉事主体有没有敢于正视不足、承认错误的勇气"。这时候如果还在强行辩解，结果可想而知。

除了内容观感的设计之外，怎么通过版面、底色、字体等一些外在呈现形式上的观感调适给大众留下一个相对舒适的整体印象也至为关键。例如，该剧组的回应通稿无论是背景色调、版式设计还是字体选择都太过于花哨，明显偏向于宣传海报的风格，特别是标题"关于电视连续剧网上热议的情况说明"用了金黄色这种饱和度过高的颜色，这不利于公众对剧组形成虚心接受，认真对待，及时改正的良性观感，这是情绪舆情风险外在观感调适上的大忌。一般来讲，我们比较推荐使用深色的背景，样式应当尽可能地简约、干净。

其次，是事实舆情的风险处理方面出现的问题。及时呈现事实信息是赢得舆情引导主动权的核心和根本，因为只有快速地呈现舆情真实信息，才能避免人们因为首因效应、近因效应、晕轮效应等影响而产生偏离解读的风险。一般而言，处理事实舆情的风险主要涵盖回应时效和回应口径这两方面的内容。仍以该剧组的回应通稿为例，如果这篇回应是在地方卫视做出调整撤档决定，视频平台做出停播下架处理等行为之前，以剧组名义进行公开回应，搭建与舆论的沟通渠道，那么"止损"负面舆论造成形象损害的可能性会小很多。而在撤档、停播等行为发生之后再去回应，难免会给公众造成"是因为利益受损而被迫进行的公关，而不是因为接受了公众批评而主动认识到存在不足"的直觉印象，大大降低公众对该剧组积极主动回应舆论的印象，最终导致这篇回应通稿的效果大打折扣。当然值得注意的是，公开回应与信息到达之间往往会存在一个滞后期，一般应提前1～2天发回应，这可以避免因为信息发出与信息到达存在时间差而造成的一些舆论误会。在回应口径方面，剧组通稿呈现的事实信息应该着重检讨没有充分顾及抗战剧在艺术加工尺度方面的规定，这应当是整篇回应通稿的主旨，而不是进行毫无意义的辩解。

最后，是动机舆情风险处理的问题。我们知道，动机舆情往往十分隐蔽，有时候即便是知道一些账号在恶意动机炒作舆情，也不便进行明面上的批驳。处理动机舆情风险，需要采用"迂回"战术，即避开正面的观点交锋，去寻找一个能够让大家都能接受的共识路径。也就是说，处理动机舆情风险的诀窍在于既让人们既有身临其境的话题参与感，又有观点被吸收采纳的获得感。我们始终认为，舆论的危机或许始于一些暴露问题的讨论，但一定终结于一个能赢得多方共识的解决问题路径的提出。

根据前面分析，我们可以尝试对上述舆情通稿进行技术性修改。这里依旧提供一个舆情回应的样本。

关于热播剧引发舆论争议的情况说明

近日，电视剧播出后，吸引了广大网友关注，引发了网上热烈讨论。我们注意到，有不少网友对这部剧表达了不同看法，针对剧中一些情节和细节提出了严厉批评。

对此，我们在经网友提醒、媒体点评、专家点拨后，再次回头推敲剧中部分细节时，也深有同感。在此，对所有关心剧组的观众、热心网友表达诚挚歉意，同时对所有给我们提出宝贵意见的网友表示感谢。

我们将认真总结这次经验教训，在今后的影视拍摄过程中，进一步加强向相关领域的学者专家求教，更加注重情节，更加关注细节，以更高标准、更严要求做好各项工作，全力赢得社会口碑。

××剧组

××年××月××日

分析点评：有意识地淡化那些没有必要的"对错"之争，可以帮助涉事主体尽可能地减少情绪舆情带来的各种风险。事实上，舆情处置要注重政治效果、法律效果、社会效果和舆论效果的"四效统一"，在不涉及根本政治立场、法律底线原则的前提下，一些没有必要的对错争论应当尽可能地避免，这是因为世界上很多事情并没有绝对的对与错、是与非。在舆情通稿、解读引导等应对过程中过分地去强调谁对谁错、谁黑谁白，只会反向增加舆论的反感情绪和抵触心理，是应对情绪舆情的大忌。有时候，我们越是公开辩解，越是强调自己的对、自己的无责，就越容易引起次生舆情灾害。

例如，某地发生"地铁保安拖拽女乘客"事件，相关部门未能结合舆情特点给出恰当回应，舆论对涉事保安滥用权力、有关部门回应刻意包庇等话题不断产生关联猜想，事件热度在多平台持续攀升，产生了多个热度"百万+"话题热搜，形成了负面舆论危机。虽然之后当地有关部门对地铁服务意识、保安不正确履职、培训教育不到位、涉事女子扰乱乘车秩序等问题进行了一些纠偏式正面回应，但因为回应时间滞后，再加上一些恶意动机账号捏造了"保安故意扒女子衣服""恶意猥亵涉事女子"等煽动性情节，舆情负面倾向依然明显。我们发现，舆情从最初单纯因观点不同而引起争论，一步步演变成为各方基于不同立场、不同看法的对抗对峙，甚至一度发展成为语言对骂、群体对骂，除了事件本身的确存在一些难以避免的话题陷阱外，地铁集团在处理情绪舆情风险、事实舆情风险、动机舆情风险方面的方法不当也是一大重要原因。

在情绪舆情风险处理方面，地铁集团没有充分预判到女性议题可能产生的情绪舆情风险，只提涉事女子扰乱地铁秩序，不提涉事保安在履行维护地铁运营秩序职责时存在过度用权、超范围用权，导致舆情在引爆初期产生了明显的负面情绪波动，让人们不自觉地产生了当地"刻意包庇""有意回避"等一系列偏离猜想,直接造成之后的舆论讨论发生了十分明显的方向性偏离。应对这样的热点舆情,公开回应一定要建立在充分的情绪舆情风险评估基础上,回应的内容选择、描述的语气口吻、呈现的姿态观感都要有针对性地进行一些技术性处理。比如,在精准研判出"女子涉嫌扰乱地铁秩序""保安过度用权、超范围用权"是这个舆情的核心后,回应内容应当围绕这两方面内容展开;这两方面内容回应的篇幅比例应当尽可能地保持一致。这样的情绪舆情风险处理,一方面,可以给人们留下地铁集团已经注意到了舆论民意,并且已经第一时间按照舆论关心的焦点展开了线下核查的积极印象;另一方面,两方面回应内容篇幅比例一致可以避免公众产生线下调查有意包庇一方的情绪猜想。此外,还可以设置一些柔性舆论议题来化解情绪舆情可能导致的负面风险,比如通过政府主导、媒体倡导、社会参与的方式进一步安抚舆论对双方处理不均衡产生的情绪反差,把对乘客的行为约束议题以一种柔性的好感姿态抛出,引导更多乘客自觉主动地参与文明治理。

在事实舆情风险处理方面,地铁集团最初的公开回应并没有提及引发网上热议的地铁保安拖拽女子导致其衣不遮体、衣不遮身的行为是否存在,如果情况属实是否涉及过度用权、超范围用权等线下核实部分,由此造成了事件真实信息呈现不充分、不客观、不全面,本质上偏离了事件在舆情层面应该有的投影反馈,最终引起了舆论一系列负面连锁反应。比如,舆论出现两种截然相反的争论性观点,一方认为女子干扰地铁秩序在先,保安拖拽合理合法;另一方认为即便有千条万条理由,保安也不能拉扯女子衣服。我们都很清楚,这是两个不同维度的话题:保安行使地铁秩序管理职责的目的正义性不代表所采取的方式方法一定合理合法，舆论谴责的其实是涉事保安是否存在过度用权的问题，而不是质疑保安能不能管理地铁运营秩序。事实上，要真正避免因为事实"硬伤"而引发的事实舆情风险，我们就需要从舆情事件中吸取深刻教训，针对地铁、公交车、医院等具有相似公共属性领域的保安群体开展专门的教育培训，帮助他们进一步明确工作职责、管理尺度等法律边界，特别是要将舆情意识纳入重点培训范围，帮助其提升应对各种突发情况的能力。

在动机舆情风险处理方面，当地缺乏对互联网舆论中裹挟利用女性议题制造舆论事端的应对意识。比如，在事件热度连续攀升，大量网民加入讨论时，出现了许多渲染女子遭遇猥亵、保安公然扒衣、地方恶意包庇等恶劣的诱导性舆论议题，这将舆论进一步分割成了针锋相对的正反两队，造成了持续、反复的话题争论，舆论方向一度被连续带偏带歪。虽然之后网络平台及时针对事件后期出现的刻意激化矛盾，进行地域攻击，挑起性别对立等刷量控评的偏激行为，做出了禁言6767个账号，关闭185个账号的处理，但舆情涉事主体的反应却十分迟钝。

这个事件再次警醒我们，涉及女性、孩子、老人等具有明显标签群体的热点舆情处置，一定要建立在充分的情绪舆情风险、事实舆情风险、动机舆情风险舆研评估的基础上，回应的内容、描述的语气、呈现的姿态都要把握好。

前些年，多地区曾因连续遭遇较为严重的雾霾天气而相继发布重污染预警，一度引发全民关注及后续舆论一系列负面连锁反应。"#最严重雾霾#"等相关话题阅读量近5亿人次，各地微信群、朋友圈等互动平台更是相继"沦陷"，网上网下十面"霾"伏，引发了舆论危机。

在情绪舆情风险处理方面，这些地方常常陷入情绪困局，这是因为在环境保护、身体健康等理念日益深入人心的大背景下，人们对雾霾本就存在厌恶、憎恨、恐惧等心理，在雾霾相关话题的持续刺激下，很容易形成难以愈合的焦虑感、抵触感、厌恶感；在从众、对错、选择、排异等一系列舆论内因的作用下，容易出现极端化爆发的情况，这是此舆情处置的普遍性难点。

在事实舆情风险处理方面，雾霾引发的舆情客观上难以找到具象化的直接原因，这就造成各地后续解决雾霾问题的措施不能立即产生药到病除的直接疗效，这会令舆情呈现出高度的不稳定性和潜在的破坏性。

在动机舆情风险处理方面，基于流量、干预、营销等各种隐藏动机，一些"异见"人士及营销账号表达了非常强烈的反对意见，喊出了"我们要活命""今晚我们团结起来"等动员性口号，在网上产生了一连串不良连锁反应，一度出现对峙科学、对峙真相的群体性盲从势头。这种苗头性倾向性问题带有很强的议题破坏性。

对原因的讨论也好、争论也罢，都属于对"既往史"的处置，而过分纠结过去怎么样，当时出于什么考虑这些问题，会陷入舆论处置陷阱。要化解陷入原因讨论而产生的各种争论风险，就要改变处置方向，要转变到对接下来怎么做，怎么加强沟通，找到解决问题的方法等将来时的讨论方向上去。以这个舆情为例，处置方向应放到加大常态化整治扬尘、黄标车、露天烧烤等污染源，查处违规排放企业等治霾举措上，同时邀请市民进行监督，形成群策群力的正向舆论氛围，凝聚起有效的社会共识。

总而言之，舆情风险处理涉及舆情意识、舆研水平、危机应对等各方面的能力，需要我们平时深入互联网舆论一线，学会在实战中思考、总结和提炼，进行一些"水土适应"性处理，不能简单地实行拿来主义和机械套用主义，否则就会犯本本主义、机械主义错误。

———————————

本节重点：

1. 情绪舆情、事实舆情、动机舆情构成了互联网舆情的三大权重要素，是我们开展舆情风险处理的基本前提。

2. 我们可以从情绪舆情风险、事实舆情风险、动机舆情风险的角度进行针对性的风险处理。对于情绪舆情风险，要在内容观感设计、外在观感调适上做好技术处理，避免陷入"对错"争论陷阱；对于事实舆情风险，要在充分舆研的基础上，呈现好与舆情民意相匹配的事实信息；对于动机舆情风险，要懂得遇软而切，遇硬则弯的道理，避免陷入"原因"讨论的"过去时"陷阱，而要转变到"提出解决路径"的将来时讨论中去。

3. 舆情风险处理涉及舆情意识、舆研水平、危机应对等各方面的能力，需要我们平时深入互联网舆论一线，学会在实战中思考、总结和提炼，要具体问题具体分析，不能简单地实行拿来主义和机械套用主义，否则就会犯本本主义、机械主义错误。

后 记

我是墩爸，微信公众号"墩墩舆情课工作室"的主笔，学医出身，曾当过运动员，然而均因种种缘由未能梦想成真。因缘际会跨行进入舆情圈，养成了每日写点舆情文章的习惯，曾自诩为"舆情圈内最懂医学""运动员内最懂舆情"的80后。

感谢风雨，感谢执着，让我下定决心在系统学习社会学、心理学、新闻学、传播学等学科要点的基础上，对这些年来撰写的舆评文章进行了一些规律性、系统性的总结，按照舆论解析、规律解构、应对技巧三大块内容进行针对性阐述，希望这本书能启迪读者对舆论工作有一个全新的思考，能为需要的读者带来一些具有实操价值的参考。

我之所以提出这个全新的概念——舆商思维，是因为在互联网大潮作用之下，舆商有可能成为与情商、智商并重的第三种社会能力，是一个具有开创性的全新领域。要真正了解、熟悉并且掌握它，仅靠现有的书籍、现成的资料，大众难得其核心要领，唯有深入互联网一线，在不断实战，不断总结，不断思考，不断摸索的过程中才能领悟其精髓要义，进而将其转化为适应互联网环境变化和社会快速发展的一种社会能力。这种能力的养成，既没有学习捷径，也没有现成路径，只有不断向真理致敬，向实践求教，才能真正将所学、所想、所感、所悟有效地转化为自己的舆商本领。

以此书献给所有订阅"墩墩舆情课工作室"公众号的忠实粉丝。

墩爸

写于2022年6月29日夜